2019东北亚经济论坛
Northeast Asia Economic Forum

东北振兴
与开放合作

——2019东北亚经济论坛专家论文集

东北财经大学东北亚经济研究院 编

2019

Revitalizing, Opening Up and
Cooperation in Northeast
China

—2019 Expert Papers of Northeast Asia Economic Forum

东北财经大学出版社 | 大连
Dongbei University of Finance & Economics Press

图书在版编目（CIP）数据

东北振兴与开放合作：2019东北亚经济论坛专家论文集 / 东北财经大学东北亚经济研究院编. —大连：东北财经大学出版社，2021.8
ISBN 978-7-5654-4337-4

Ⅰ. 东… Ⅱ. 东… Ⅲ. ①区域经济发展-东北地区-文集 ②东北亚经济圈-区域经济合作-东北地区-文集 Ⅳ. ①F127.3-53②F114.46-53

中国版本图书馆CIP数据核字（2021）第176119号

东北财经大学出版社出版
（大连市黑石礁尖山街217号　邮政编码　116025）
网　　址：http://www.dufep.cn
读者信箱：dufep@dufe.edu.cn
大连图腾彩色印刷有限公司印刷　东北财经大学出版社发行
幅面尺寸：170mm×240mm　　　字数：136千字　　　印张：11
2021年8月第1版　　　　　　　2021年8月第1次印刷
责任编辑：李　季　刘慧美　　　　　责任校对：石建华
封面设计：冀贵收　　　　　　　　　版式设计：钟福建

定价：46.00元

前 言

为深入贯彻落实习近平新时代中国特色社会主义思想和党的十九大精神,落实党中央、国务院关于东北振兴的一系列决策部署及习近平总书记在深入推进东北振兴座谈会上的重要讲话精神,坚持新发展理念,解放思想、锐意进取,瞄准方向、保持定力,深化改革、破解矛盾,扬长避短、发挥优势,以新气象、新担当、新作为推进东北振兴,充分发挥高端新型智库、高端学术交流平台的作用,东北财经大学东北亚经济研究院联合中国国际商会、商务部国际贸易经济合作研究院、经济日报社中国经济趋势研究院以及新浪财经等单位,于2019年9月19至20日,在辽宁省葫芦岛兴城市共同举办了以"新时代、新思路,助力东北振兴与开放"为主题的2019东北亚经济论坛。

论坛设置了主旨演讲、新书发布、企业家演讲、科技展示、分论坛五个环节。来自中国人民银行、中国国际贸易促进委员会、国家发展和改革委员会、商务部国际贸易经济合作研究院、经济日报社中国经济趋势研究院、日本瑞穗银行、韩国产业研究院、蒙古国财经大学等中国、日本、韩国、蒙古国的政府部门、企事业单位、科研机构和大中专院校200余名专家学者参加了本次论坛。论坛围绕新时代东北振兴与对外合作热点问题展开深入探讨,为新时代东北全面振兴、充分融入国家"一带一路"建设献计献策。

本论文集是对与会专家学者真知灼见的集结汇总，按照具体探讨的问题共分为七篇：

第一篇"振兴东北与重塑辉煌"。本篇汇集了四位特邀嘉宾的主旨报告，从宏观角度既回顾了十余年东北振兴所取得的成果，也点出了当前所面临的亟待解决的重点难题，更为破解发展困局指明了方向。在"滚石上山、爬坡过坎"的关键阶段，这些高屋建瓴的见解为东北全面振兴、重塑昔日辉煌廓清了疑虑、提振了信心。

第二篇"东北振兴与企业力量"。企业是经济发展的基础力量，本篇汇集了来自中小企业协会、大型国企、知名民企，以及辽宁、吉林、黑龙江、内蒙古代表性企业的高层管理人员的报告内容，展示了不同类型、不同地域的企业在东北振兴中做出的贡献和努力，以及企业家眼中的东北振兴面临的挑战与机遇。

第三篇"东北振兴与东北经济韧性"。东北经济的韧性是对国家经济贡献的重要支撑，是可圈可点的亮色，也是未来东北全面振兴的底色。本篇汇集了国内业界四位知名专家学者对东北振兴提出的建议，具体聚焦于重大战略性工程、文化振兴、产业发展与园区建设等方面，既具有理论支撑，又有实践引领。

第四篇"'一带一路'与东北亚区域合作"。"一带一路"倡议是党中央在新时期统筹国内发展与对外开放高层次结合的一个大的战略，是深化我国与周边国家开展区域经济合作的总思路、总纲领和顶层设计。本篇汇集了来自中国、韩国和蒙古国的学者和优秀企业家对"一带一路"框架下国家发展规划对接的路径建议、已有成果的展示和对未来的展望。

第五篇"东北亚贸易与《中日韩自由贸易协定》"。中日韩经济合作是推动东北亚区域经济一体化发展的重要基础，在单边主义、贸易保护主义抬头的背景下，中日韩三国应更加团结，努力打造新的《中日韩自由贸易协定》（FTA）。本篇汇集了来自中国、日本和韩国的多位专家学者对中韩、中日经济合作及中日韩FTA发展前景的新颖观点和结论，理论与实际相结合并富有现实意义。

第六篇"农村金融与东北乡村振兴"。重农固本，国之大纲，三农的战略地位十分重要，社会主义现代化离不开农业农村现代化，东北全面振兴也离不开乡村振兴。本篇汇集了来自政府部门、高校科研机构、金融机构的多位专家学者对如何改进农村金融服务、运用金融科技、促进农业产业发展和乡村振兴的重要观点和举措建议。

第七篇"金融科技与东北经济振兴"。金融与科技融合发展方兴未艾，发展势头迅猛，而东北经济转型升级已经进入攻坚深水区，金融科技能否成为破解转型难题的源头活水，以及如何拥抱金融科技助力东北经济发展亟待深入讨论。本篇汇集了政府部门领导、银行机构和新兴科技公司高级管理人员对金融科技和科技金融的理解，对金融科技应用实践成果和经验的总结，以及对东北依靠金融科技加速发展的优势和空间的见解。

本论文集是 2019 东北亚经济论坛所有嘉宾的智慧结晶，既指出了东北亚区域经济合作的发展之路，也指出了新时代助力东北振兴的前行之路。谨以此论文集向所有与会嘉宾的热情参与和辛勤付出表示最诚挚的感谢！

东北财经大学东北亚经济研究院执行院长（大连）

施锦芳

2021 年 2 月 25 日

目 录

第一篇

振兴东北与重塑辉煌

对发展东北振兴
新局面的思考

戴相龙
中国人民银行原行长

一、世界百年未有之大变局给东北亚区域经济发展带来了重大历史机遇

2018年6月，习近平总书记在中央外事工作会议上指出："当前我国处于近代以来最好的发展时期，世界处于百年未有之大变局，两者同步交织，相互激荡。"

（一）百年未有之大变局的主要表现

1.世界经济中心向亚太转移

亚洲对世界经济发展的贡献率高达60%。亚洲是全球面积最大、人口最多的地区，按地域分为6个板块，大部分区域经贸联系不多。推进"一带一路"建设，必将产生一个整体强大的亚洲。

2.大国关系发生变化

美国仍是最大强国，但美国经济总量占全球经济总量的比例逐年下降，美国内部与外部各种矛盾加剧，难以保持过去的独霸地位。特朗普政府坚持"美国优先"，大搞单边主义和保护主义，不仅与中国等国家发生越来越多的摩擦，也令美国与盟国裂隙加大，甚至出现对立。与此同时，中国正在和平崛起。

3.世界治理和经贸秩序发生巨大变化

西方"七国集团"被"二十国集团"代替。世界贸易规则正在受到美国的破坏。

（二）世界百年未有之大变局有利于促进东北亚区域经济一体化发展

1.中日韩自贸区展现积极前景

中日韩自贸区的谈判已进行了7年，但由于历史、领土以及美国猜疑等因素，谈判停滞不前。2018年中日韩经济总量占全球的23%，日本和韩国分别是中国的第二、第三大贸易国。世界百年未有之大变局的出现，为中日韩共同推进东北亚区域合作提供了转机。2013年后，日本首相已不再直接参拜靖国神社，有关领土争议的直接对抗也在缓和。美国推行"美国优先"政策后，日本在保持与美国同盟关系的同时，也着力改善与中俄的关系。中日关系开始走上正常轨道。日本对中国提出的"一带一路"倡议从反对转向认可，并已在"一带一路"沿线国家展开第三方合作，两国正在商谈在泰国合资建设高速铁路。2018年，时任日本首相安倍晋三访问中国，并期盼习近平主席访问日本。建立中日韩自贸区需要较长时间，但是只要中日韩三国认定建立自贸区的方向，并进行切实的谈判，必将产生积极效应，不断促进东北亚区域经济一体化发展。

2.建设"中蒙俄经济走廊"步伐会加快

中蒙俄三国已于2016年6月签署了《建设中蒙俄经济走廊规划纲要》，将重点合作共建一批交通基础设施项目。中俄已在能源、核能、航空航天等领域深度合作。2018年中俄贸易总额超过1 000亿美元，比上年增长27%，中国连续9年成为俄罗斯第一大贸易伙伴。俄罗斯向欧洲发展受到各种限制，必将加快远东地区以及东部沿海城市对中国、日本的开放。中俄关系良好，为蒙古国扩大对中国的开放创造了条件。1998年至2019年，中国连续8年成为蒙古国的第一大贸易国，连续9年成为蒙古国的第一大投资国。如果朝韩关系、朝美关系改善，"中蒙俄经济走廊"可向朝鲜半岛延伸，使该区6国受益。

3.图们江国际区域合作迎来新契机

图们江发源于长白山主峰上的天池。图们江出海口一边归属于俄罗斯，另一边归属于朝鲜，中国边境距其出海口仅有 10 多千米。我相信，规划建设大图们江国际区域合作的若干难题可以逐步得到解决。

（三）东北亚区域经济一体化发展为东北振兴创造历史机遇

1.有利于促进辽宁省沿海城市对外开放和沿海经济带的发展

中日韩环渤海、黄海十几个城市的交流合作会更有成效。2018 年，在辽宁省进出口贸易中，日韩占 23%。我们可以打造更多中日、中韩开放合作的重要平台，将辽宁打造成东北亚地区的合作中心。

2.有利于打造我国向北方开放的窗口

"中蒙俄经济走廊"有两条通道。世界百年未有之大变局的发展，使"中蒙俄经济走廊"的东北通道地位逐步提高，进而为黑龙江扩大与俄罗斯边境城市合作提供更好的条件。

3.有利于推进大图们江国际区域合作

朝韩和解使朝核问题有望最终解决。这种趋势有利于中国发展长（春）吉（林）图（们江）开发开放先行区，能够有力推动大图们江国际区域合作。

二、东北振兴的长期目标和"十四五"时期主要任务

（一）东北的贡献

东北地区在维护国家各项安全方面的战略地位十分重要，关乎国家的发展大局。东北提供的商品粮占全国的 60%，没有东北商品粮基地，就没有全国粮价的稳定；没有东北的工业基地，就没有后来中国的工业化。我在云南省煤炭系统工作 10 年，许多煤矿的矿长、总工程师都来自东北。正是有沈飞集团，我国才生产制造了歼 15 舰载机；正是有齐齐哈尔中国一重集团，才使我国核电站建设处于世界领先地位；正是有长春光机所研制的精密仪器，才使我国载人航

天工程雄居世界前列；正是有东北工业基地，我国才生产了核潜艇，制造了航空母舰。

（二）东北振兴的长远目标

40多年来，东北在改革开放中前进，但由于多种原因，也遇到了一系列困难。党中央、国务院对东北经济和社会发展一直十分重视。每隔1~2年，党中央、国务院都要集中研究和解决东北振兴中的突出问题。2018年9月，习近平总书记到东北三省进行考察调研，主持召开东北振兴座谈会并发表重要讲话。2019年8月，党中央、国务院又下发了《中共中央 国务院关于支持东北地区深化改革创新推动高质量发展的意见》。

党中央、国务院对支持东北地区深化改革创新、推动高质量发展，提出了总体要求、长远目标和主要措施。东北振兴的目标不是重建重工业基地，不是追赶东部省市的发展速度，也不只是发展全国重要经济增长区域，而是到2035年基本实现社会主义现代化。

现在，我国政府有关重要智库正在进行"十四五"发展规划重点问题的研究。很多研究机构认为，"十四五"时期我国经济发展具备保持中高速发展的可能，预测潜在增长率将从"十三五"时期的6.5%平稳换挡到6%，预测"十四五"期间国内生产总值年均增速保持在6%左右，不低于5.5%。也有不少同志认为，对"十四五"期间发展速度的预测应留有余地。东北三省有关部门也在研究制定各省"十四五"发展规划的重点问题。粗略估计，在"十四五"时期，东北三省增速难与全国水平同步，可能低于全国0.5个百分点。

（三）今后5~6年发展东北振兴新局面的主要任务

1.以优化营商环境为基础，全面深化改革，特别是在国有企业和民营企业发展方面要有重大突破

改善营商环境不仅集中表现在转变思想观念、坚持市场化原则、着力破除体制机制等方面，而且要看各级党政领导是否树立正确的经济工作指导思想，是否按经济规则依法办事、循序渐进。

2.提升科技创新能力，大力培育新兴产业

东北三省在智能制造、集成电路装备、机器人、航天航空、海洋工程及高技术船舶、核电装备领域，以及关键性技术突破和成果运用方面，一定会走在全国前列。

3.构建协调发展新格局

努力把沈阳建成东北地区的重要中心城市，提升大连的东北亚国际航运中心地位，巩固长春区域创新中心功能，更好地发挥哈尔滨对俄合作中心城市的作用，加强东北三省西部和内蒙古东部5个盟市的合作。

4.深度融入"一带一路"，建设开放合作新高地

5.推进生态建设和粮食生产，巩固提升绿色发展优势

三、改善和加强对东北振兴的金融服务

（一）金融业务已为东北振兴尽心出力

至2018年年底，全国银行业存贷比为76.8%，东北三省银行存贷比为78.8%，存款利用率高于全国2个百分点。2018年年底，全国商业银行不良贷款率为1.83%，其中辽宁省为4.73%，吉林省为4.28%，黑龙江省为3.24%，说明各省金融业从实际出发放宽了对不良贷款的容忍度。

（二）中国现代金融建设

改进东北的金融服务，要了解我国金融业的长远发展目标。习近平总书记在党的十九大报告中提出，到2035年基本实现社会主义现代化。为此，我们应规划和推进中国现代金融建设，主要包括下列内容：

1.更好执行货币政策和宏观审慎监管双支柱调控框架

保持人民币币值和金融运行的稳定，使物价涨幅长期保持在2%左右。国内外许多研究机构预测到2033年前后，中国经济总量将达到并超过美国经济总量。

2. 建立间接融资和直接融资合理配置的融资制度

培育具有国际竞争力的大型投资银行，使更多社会资金转化为资本金。到2035年，使国有企业资产负债率从现在的65%降到55%左右。

3. 促进人民币国际化

预测到2035年，人民币影响力将与欧元相当。

4. 完善多功能、差异化的金融机构体系

审慎推进大型商业银行实行战略转轨，提高对企业集团的综合服务能力，提高国际化水平。商业银行要大力发展科技金融、健康金融、生态金融。建立新时代合作金融体系。

5. 把上海建成国际金融中心

按国际专业机构设立的国际金融中心指数预测，上海国际金融中心在全球的排名可能会从现在的第五位上升到第三、第四位。

6. 提高中国在国际金融治理中的地位，促进全球金融体系的稳定

1993年国务院对全国金融体制改革做出决定，这对后来20多年金融体制改革发挥了重要作用。建议国务院有关部门研究制定《中国现代金融建设规划（2021—2035）》。

（三）从实际出发，改进金融服务，支持发展东北振兴新局面

1. 适当增加信贷支持力度

虽然东北三省存款利用率已较高，但是存款总量少，还需要外部支持。2015—2018年，全国贷款年均增长13.5%，其中东北三省年均增长9.7%，比全国增长速度低3.8个百分点，这主要是经济发展水平决定的，建议大型商业银行总行进一步加大对东北振兴的支持。

2. 适当提高中长期贷款的比例

东北三省国有企业自有资金比例过低，实际形成短贷长用。建议银行确定贷款期限时，按生产和建设周期加以审定。

3.加强银行和企业的联系，提高贷款及时有效性

对重点发展企业和建设项目，组织银团贷款，对借贷关系密切的企业建立主办银行制度。

4.提高股本融资比例

培育更多优秀企业上市，办好各地企业股权交易中心，发展各种基金，依法推动债转股。

5.认真学习习近平总书记重要论述和中央文件的要求，支持农民专业合作社和供销合作、信用合作的"三位一体"综合合作，实现东北农业现代化

贯彻落实习近平总书记的重要讲话精神，促进农村商业银行、农村合作银行和农村信用社回归本源，为所在地的三农服务。保持县农村信用社县域法人地位和数量总体稳定。

深化开放合作　助力东北振兴

姜增伟
中国贸促会原会长

一、深化东北亚区域开放合作，取得丰硕成果

中国东北部的黑龙江省、吉林省、辽宁省、内蒙古自治区"三省一区"，是重要的工业和农牧业基地，也是我国与东北亚各国经贸联系最紧密的地区之一，资源、产业、科教、人才、基础设施等支撑能力较强，开展区域经贸合作具有得天独厚的区位和经济优势。近年来国家以东北地区为重点，不断深化东北地区与

东北亚经贸合作，取得了丰硕成果。

一是贸易规模持续扩大。目前，中国是东北亚五国最大的贸易伙伴，2018年与东北亚国家贸易额达到7 586亿美元，约占中国对外贸易总额的1/6。中日和中韩贸易额均超过3 000亿美元，中俄贸易额突破1 000亿美元。

二是项目投资日益活跃。日本和韩国分别是中国第一大和第四大外资来源国，中国对韩国、俄罗斯、蒙古国等国的投资快速增长，与朝鲜的友好合作不断发展。

三是跨境基础设施合作稳步推进。中俄东线天然气管道、同江铁路大桥、黑河铁路公路大桥等项目顺利实施，"长满欧""辽蒙欧""哈欧"等途经东北亚地区的中欧班列已累计开行上千列。

四是区域经济一体化不断发展。中日韩自贸区谈判积极推进，中蒙俄经济走廊建设、大图们倡议合作迈出坚实步伐，为东北亚区域合作注入了新活力。

二、建设立足东北亚、辐射"一带一路"、面向全球的开放合作新高地的建议

当前，东北亚地区局势总体稳定向好，各国陆海相通，经济联系紧密，经济总量占全球的19%，是亚洲乃至全球最具发展活力和潜力的地区之一。这为东北地区继续发挥沿边沿海优势、着力打造中国向北开放重要窗口和东北亚合作中心枢纽，带来有利条件和难得机遇。我们要进一步树立开放发展理念，不断拓宽全球视野、增强战略思维，坚持全方位开放和高水平开放并进、商品要素开放与规则制度开放并举、"引进来"与"走出去"并重，深度融入"一带一路"建设，积极协同国家重大区域发展战略，充分利用国内、国外两种市场资源，努力建设立足东北亚、辐射"一带一路"、面向全球的开放合作新高地。

（一）在深化改革上下功夫，着力完善东北地区开放发展的体制机制

改革和开放相辅相成、相互促进，改革必然要求开放，开放也必然要求改

革。当前，经济全球化和区域经济一体化加速推进，国际经贸规则创新发展，迫切要求我们以深化改革为手段，加快形成同市场完全对接、充满内在活力的新体制和新机制，为扩大开放提供有力的制度保障；继续推进优化营商环境专项行动和"信用东北建设"，深化行政审批制度改革和商事制度改革，提升法治意识，树立崭新形象，吸引资金投资兴业，留住人才干事创业；深入推进国有企业综合改革试点，加快民营经济改革发展，以体制机制创新带动科技创新；同时，通过更大范围、更高水平的开放，推动更深层次的改革、更高质量的发展。

（二）在统筹规划上下功夫，因地制宜做好东北地区开发开放的顶层设计

东北地区是中国装备制造业、资源能源、原材料产业集聚水平较高的地区，实体经济发展基础雄厚。新时代东北振兴应该以振兴实体经济为切入点，努力培育现有优势产业的新优势，加强质量、品牌和标准建设，打造一批具有国际竞争力的产业基地和具有区域特色的产业集群，支持有实力的企业、优势产业、骨干产品走出去，推进东北装备"装备中国"、走向世界。以培育壮大新动能为重点，大力发展数控机床、卫星应用、生物医药、石墨加工等一批新兴产业，尽快形成多点支撑、多业并举、多元发展的产业发展格局。依托东北地区良好的生态环境，发展现代化大农业，提升现代畜牧业、水产业及农畜产品加工和流通业的发展水平，培育绿色生态农产品的知名品牌。发挥冰雪、森林、草原、湖泊、湿地、边境、民俗等独特的自然人文资源优势，发展旅游、健康、文体、休闲等产业，建设世界知名生态休闲旅游目的地。

（三）在主动融入上下功夫，加快形成"一带一路"倡议下东北对外开放的大格局

丝绸之路经济带建设与欧亚经济联盟、蒙古国"草原之路"倡议已经建立有效对接，中蒙俄经济走廊建设顺利推进。要进一步提升基础设施互联互通水平，加快建设面向俄罗斯、辐射东北亚、承接欧洲腹地及北美地区的陆海空立体大通道。对标高标准国际经贸规则，建好黑龙江自贸试验区和辽宁自贸试验区，探索创建辽宁"一带一路"综合试验区、辽宁沿海经济带"16+1"经贸合作示范区

和大连自由贸易港，建设中韩国际合作示范区，推进共建中日经济和产业合作平台，形成东北地区开放的标志性品牌。推进沿边重点开发开放试验区建设，提升边境经济合作区、跨境经济合作区的发展水平，实现边境贸易与东北腹地优势产业发展的互动。与俄罗斯等国统筹推进北极航道开发利用、北极地区资源开发等方面的全方位合作，积极打造"冰上丝绸之路"。

（四）在加强对接上下功夫，深入推进与京津冀协同发展等国家重大战略的对接和交流合作

东北地区与东部地区以对口合作为依托，深入推进东北振兴与京津冀协同发展、长江经济带发展、粤港澳大湾区建设等国家重大战略对接，使南北真正互动起来。东北地区与京津冀地区融合发展，要在创新合作、基础设施联通、产业转移承接、生态环境保护治理等重点领域取得突破，加强科技研发、成果转化、能源保障、统一市场建设等领域的务实合作，建立一批产业合作与创新转化平台。加强与环渤海地区的经济联系，积极推进与山东半岛经济区互动合作。推进与长江经济带、港澳台地区的经贸投资合作，加快建立长期稳定的紧密型全面战略合作关系，在项目投资、市场共享、产业转移承接、跨省劳务合作方面实现优势互补。加强与东部地区有关省市的对口合作工作，复制推广深圳（哈尔滨）产业园建设经验，在创新体制机制、完善服务体系、优化营商环境等方面先行先试，发挥好辐射引领和示范带动作用。

（五）在强化服务上下功夫，大力提升对东北地区外向型企业的帮扶力度

当前，东北地区企业参与国际经济合作与竞争的程度不断加深，走出去步伐显著加快，但由于缺乏信息渠道和专业化人才、不熟悉国际规则惯例和海外市场环境等原因，企业开拓多元化市场、积极稳妥对外投资、在海外扎根发展、维护正当权益等面临较大困难，需要有关部门和机构积极作为、靠前服务。借鉴国内外工作经验，将支持企业特别是民营企业、中小企业的创新发展工作情况纳入干部考核考察范围。加强政策研究，强化信息服务，广泛宣传解读相关政策措施，增强企业信心和发展动力，营造有利政策环境和制度环境。进一步发挥中国—东

北亚博览会和夏季达沃斯论坛等展会论坛的平台作用，量身谋划、引进更多国际品牌展会和经贸活动，在对外投资贸易、先进装备制造和国际产能合作等方面为企业牵线搭桥、给予帮助。提升对摩擦、经贸仲裁、商事调解、知识产权等多元化商事纠纷的解决水平，提供全过程、一站式的对外投资服务，帮助更多企业增创优势、抵御风险、维护权益。

（六）在协同发展上下功夫，努力形成东北地区开发开放的强大合力

东北地区作为经济区域，涉及水、路、港、产、城等多个方面，对外开放与对内开放必须有机统一。区域内的各个地区、城市要牢固树立"一盘棋"思想，正确把握自身发展和协同发展的关系，实现错位发展、协调发展、有机融合。比如，沈阳、长春、哈尔滨、大连是东北地区的四大城市，在区域经济发展中的地位举足轻重，要采取更多举措支持四大城市"合纵连横"、做大做强，辐射、带动东北地区实现全面振兴。深化区域内部合作，加快区域通关一体化，加强政策、交通、产业等方面协同联动，支持省（区）毗邻地区探索合作新模式，规划建设产业合作园区，形成整体合力。促进东北地区科研院所和高校加快发展，加强东北亚研究院等东北地方特色新型智库建设，加大人才培养和智力引进力度，促进更多智力资源与东北地区开放发展紧密结合。

三、深化开放合作、助力东北振兴离不开各方的共同努力

当前，中国经济总体运行平稳并稳中有进。2019年上半年，中国经济实现了6.3%的增长速度，主要宏观经济指标保持在合理区间。前8个月进出口总额达20.13万亿元，同比增长3.6%；实际使用外资6 040.4亿元，同比增长6.9%。中国经济具有巨大的韧性、潜力和回旋余地。中国的发展正朝着更高质量、更有效率、更加公平、更可持续的方向迈进，前景一定会越来越好。一个更加开放、繁荣的中国，必将为东北亚发展带来新机遇，也会为深化东北亚合作提供更广阔的空间。

改革开放带来了巨大的发展，今后依然要坚持深化改革开放，把开放的大门越开越大。我们进一步开放市场，2019年国家发展改革委、商务部发布了《外商投资准入特别管理措施（负面清单）（2019年版）》，条目从48条减少至40条，放宽了服务业、制造业、采矿业、农业等领域的市场准入条件；我们进一步保护外商投资，2019年3月颁布了《中华人民共和国外商投资法》，并加快制定配套法规，确保其2020年1月1日顺利实施；我们以更大的力度保护知识产权，实施侵权惩罚性赔偿制度，严厉打击各类侵权假冒行为。中国扩大开放的举措，是根据自身发展需要做出的自主选择，无论外部环境如何变化，都要坚定不移地推进下去。

深化开放合作、助力东北振兴是一项系统工程，离不开各方的共同努力和积极参与，需要形成"政府引导、市场运作、企业主体、民间促进"的立体推进格局。政府在其中发挥着规划引领、宏观指导和统筹协调的作用，在提供公共政策、公共管理和公共服务，营造良好合作环境等方面至关重要。企业是促进经济增长的生力军，是东北全面振兴的实践者、探索者和受益者。希望广大企业发挥在信息、技术、资金等方面的优势，积极参与到基础设施、贸易、投资、金融、人文等各领域的合作项目上来。贸易投资促进机构和商协会是各国工商界开展交流合作的重要组织者和推动者，在推进东北开放和振兴中发挥着重要作用。

时代越是向前，对外开放的重要性就愈发突出，贸易投资促进机构和商协会的作用愈发凸显。贸促工作和商协会工作是对外开放工作的重要组成部分，在改革开放大潮中开拓进取、砥砺前进，成为改革开放实践的一个缩影。联合国国际贸易中心的报告《加大贸易促进工作投入可有效推动经济社会发展》指出，贸促工作使各国人均GDP平均增长5%~6%，出口额平均增长7%~8%。党中央、国务院的领导同志多次明确指示，要搭建更多贸易促进平台，增强商协会服务能力。有关部门和广大企业也都希望贸促机构和商协会在中外企业开展对话交流、进行项目对接和寻求合作机会方面更好地发挥桥梁纽带作用，在应对国际经贸摩擦、参与国际经贸规则制定和营造良好营商环境方面更好地发挥"民间"力量的作用。

中国国际商会因改革开放而生，在改革开放中不断发展壮大。党的十八大以来，中国国际商会大刀阔斧地推进创新发展，重组国际商会中国国家委员会执行董事局，建成与国际商会相对应的12个专业委员会，实现370个多双边工商合作机制有效运行，全面加强与国际商会等重要国际组织的交流合作，会员数量由不到700家快速增长到21万家，广泛性、代表性、凝聚力、影响力大大增强，已经成为中国规模最大、实力最强的综合性国际化枢纽型商会组织之一。

洞察大势，方能顺势而为。站在新的历史起点上，中国国际商会将高举新时代改革开放旗帜，以更高站位、更宽视野、更实举措，大力推进体制机制和工作内容改革创新，努力实现业务国际化、服务专业化、运营市场化，积极建设具有中国特色的世界一流商会组织，聚焦企业需求，提供全方位、多样化、个性化服务，更好助力我国企业参与国际经贸合作，为推动东北地区全方位开放、振兴，以及促进中外经贸交流合作、建设开放型世界经济做出更大贡献。

关于新时代东北振兴的有关解读

周建平
国家发展和改革委员会振兴司原司长

"东北振兴"这一提法最近出镜率很高，经常在新闻媒体上出现，东北三省的主要领导分别在国务院新闻办主持的新闻发布会上向全国畅谈了当地经济社会的发展情况和改革开放取得的成就。可以看到，近两年东北的经济发展已经走出了谷底，度过了最困难的时期。2019年上半年辽宁地区生产总值增长6.3%，吉林增长2.4%，黑龙江增长5.3%。2018年，辽宁地区生产总值达到2.5万亿元，在全国排第14位，黑龙江地区生产总值为1.6万亿元，吉林地区生产总值为1.5

万亿元，出现了向好趋势。

党中央、国务院对东北振兴的情况非常关注。2019年8月26日，习近平总书记主持召开中央财经委员会第五次会议，研究了东北振兴事宜，指出东北地区要主动调整经济结构，推动产业多元化发展，加快国企改革，打造对外开放新前沿，加快转变政府职能，弘扬企业家精神，加强干部正向激励，树立鲜明用人导向，实现全面振兴。这是党中央在新时代、新形势下对东北振兴提出的新要求，指明了东北振兴的下一步发展方向。

一、东北振兴的由来及战略目标

2003年10月，党中央、国务院从全面建成小康社会全局出发，印发了《中共中央 国务院关于实施东北地区等老工业基地振兴战略的若干意见》，标志着东北地区等老工业基地振兴战略的正式启动。从2003年到2012年11月党的十八大召开，可以看作"东北振兴"的前十年，这十年是东北改革开放以来经济社会发展最快、体制机制创新成效最显著、人民群众得到实惠最多的时期，开创了老工业基地发展的新局面，初步探索出了一条具有中国特色的老工业基地振兴之路，为振兴战略的实施由重点突破转向全面推进、由以东北为主转向"巩固深化东北、统筹推进全国老工业基地振兴转变"打下了坚实基础。曾经的"东北现象"基本消除，当年面临的突出矛盾得到有效缓解，老工业基地焕发出新的生机和活力。

这十年的实践充分证明，党中央实施振兴东北地区等老工业基地的战略决策是非常及时和完全正确的，特别是东北地区装备制造业、原材料工业、现代农业竞争力的恢复，为全国经济平稳发展和应对国际金融危机提供了有力的支撑。同时，国家在东北老工业基地先行先试了增值税转型、农业税减免、养老保险并轨、资源枯竭城市转型、棚户区改造、采煤沉陷区治理等一系列重大政策举措，取得突破、积累经验后推向全国，发挥了东北的重要试点示范作用，产生了全局性重大影响。

以 2012 年 11 月党的十八大召开为标志，东北振兴进入新的十年，党的十八大认真分析研究国内外形势发生的深刻重大变化，提出了很多新的观点、新的论断、新的举措，东北地区等老工业基地的情况也发生了重大变化，面临的突出矛盾和问题与十年前也有很大不同。2014 年以来，东北地区的发展也确实遇到了一些新问题，这些内外部因素的变化决定了新十年的东北振兴战略将面临重大结构性转换，最大的变化是从"实施东北振兴战略"到"全面振兴"的转变。十八大报告首次提出全面振兴东北地区等老工业基地，即一方面在区域上要全面，既要有东北地区，也要涵盖其他地区的老工业基地和资源枯竭型城市；另一方面在工作领域上要全面，按照建设中国特色社会主义"五位一体"总体布局的有关要求，推进老工业基地全面协调可持续发展。

可以说，前十年实施东北振兴战略是解决东北老工业基地的生存问题，主要以解贫脱困、卸掉历史包袱等为主，而新十年则要以推动老工业基地加快转变经济增长方式为主，也就是要侧重解决发展问题。我们要充分认识前后十年东北发展环境发生了巨大变化，国际金融危机影响持续，国际贸易保护主义抬头，战略机遇期内涵和条件发生新变化，发展的资源环境约束加剧，国内区域经济格局出现重大变化。这些变化，确定了我们要以更宽广的视野把握东北振兴工作的战略定位，要以全面建成小康社会、加快社会主义现代化建设为全局，在加快转变经济发展方式、推进新型工业化与建设创新型国家、推进新型城镇化建设与促进区域经济协调发展、保障和改善民生、加强生态文明建设、维护国家安全、全面深化改革开放等视角下，突出提升经济增长的质量和效益，突出"四化"同步发展，突出创新驱动，打造"东北振兴"竞争新优势。

特别是 2018 年 9 月，习近平总书记在沈阳召开了深入推进东北振兴座谈会，并指出："东北地区是我国重要的工业和农业基地，维护国家国防安全、粮食安全、生态安全、能源安全、产业安全的战略地位十分重要，关乎国家大局。新时代东北振兴是全面振兴、全方位振兴，要从统筹推进'五位一体'总体布局，协调推进'四个全面'战略布局的角度去把握，瞄准方向，保持定力，扬长避短，发挥优势，一以贯之，久久为功，撸起袖子加油干，重塑环境，重振雄风，形成对国家重大战略的坚强支撑。"这是总书记对东北全面振兴提出的更高要求，应是今后全面振兴东北等老工业基地的遵循原则。

二、"东北振兴"的成就和经验

"东北振兴"自2003年正式实施以来，在党中央、国务院的正确领导和指引下，在国务院有关部门的大力支持下，特别是在东北三省广大干部群众的不懈奋斗拼搏下，取得了显著成就。从国家层面看，党中央、国务院领导对东北给予了关心、关怀。近几年，习近平总书记多次赴东北视察、指导工作，和其他中央领导同志每年两会期间听取东北三省代表团的意见建议，与代表团亲切座谈。另外，东北拥有国家级新区3个、自贸区2个、中德（沈阳）高端装备制造产业园1个、沈抚改革创新示范区1个。同时，国家发改委和相关部委对东北给予了大力支持。为什么党中央、国务院、各部门都非常关注东北？根据我的工作体会，有三个方面值得深思。

1.我国现在能够形成如此完备的工业体系和国民经济体系，与东北的贡献密不可分

"一五""二五"时期苏联有很多援助建设项目都落在东北，使得东北成为国家坚实的工业基地。后来其他地区的很多企业都是东北援建的，比如"二重"是"一重"援建的，"二汽"是"一汽"援建的。当时东北为了援建这些企业，在材料和人员上都是全力投资。东北在原木、原煤、原油、原粮、原矿石这五个方面也支持了中国的经济发展，所以都称东北是"共和国的长子"，为全国做了很大的贡献，这一点全国人民不会忘，也不应该忘。

2.在稳定全国经济方面做了很大贡献

东北粮食产量一直保持在2 300亿斤至2 400亿斤，占全国粮食产量的20%左右，占商品粮的40%左右。东北每年商品粮调出量占全国的60%。中国是世

界第一人口大国，农业稳经济就稳，这一点东北的贡献最大。

3.东北有比较强的装备研发制造能力

因为国有企业的存在，国外的一些公司到国内招投标时不得不降低价格，使其他地方企业节省了大量的成本。如果我们没有研发制造能力，国外公司就会漫天要价。一旦我们有了这样的能力，它们的平均要价就能降低50%左右，有的甚至降低60%、70%，这也是东北为中国经济带来的巨大影响。

（一）"东北振兴"的八方面成就

从2003年东北振兴战略实施以来，东北地区在以下八个方面取得了巨大成就。

1.经济地位止住下滑趋势并逐步回升，综合实力大幅提高

在东北振兴战略实施前，东北经济总量为1.27万亿元，2007年达到5.67万亿元，2018年的经济总量是2003年的5.4倍。

2.国企改革和解决历史遗留问题取得根本性突破，经济发展的微观基础实现重构

东北的历史遗留问题取得重大突破，为全国的国企改革提供了经验，如在政策性破产、核销坏账、安置职工及减少不良资产等方面。

3.产业竞争优势逐渐恢复，先进装备制造基地、原材料基地和现代农业基地初步形成

东北的发电设备产量占全国的三分之一，数控机床产量占全国的三分之一，乙烯产能占全国的六分之一，钢产量占全国的六分之一，汽车产量占全国的七分之一，船舶产能占全国的五分之一。特别是一些舰船、航母等都是东北制造的，东北为国防安全提供了坚实的保障。

4.重点民生工程成效显著，成功进行了养老金改革，振兴成果广惠于民

5.资源枯竭型城市的突出问题得到有效缓解，开始走上转型发展之路

资源枯竭型城市，过去因煤而兴、因矿而设，后来在国家的支持下着力发展了一些接续替代产业，解决了民生基础设施不足和基本养老保险等问题。

6.生态环境和基础设施不断改善，发展支撑能力显著增强

东北废弃的矿产地达到7.6万公顷，煤矸石、冶炼煤废渣等得到了利用，东北的空气污染、水污染都得到了有效治理，高速公路、高铁设施完善，港口吞吐量也有了很大提升。

7.开放合作领域和深度逐步拓展，沿海沿边全方位开放格局基本形成

东北有沈阳华晨宝马、大连英特尔芯片等合资企业，有辽宁沿海经济带、长吉图开发开放先导区规划以及大连东北亚航运中心建设等中长期发展规划，在"走出去"方面取得了很大成就。金融危机以后东北抓住时机先后并购了国际上150多家著名的科技机构。

8.以营商环境转变为主要标志的体制机制改革取得重大进展

新闻媒体经常报道，阿里巴巴、腾讯、恒大、万达、京东等一批全国知名民营企业纷纷到东北投资、布局，这也说明东北的吸引力正在增强。

（二）"东北振兴"的基本经验

"东北振兴"战略实施以来，取得了显著成就，同时，也形成了很多行之有效的做法，积累了十分宝贵的经验，归纳起来主要有以下五个"坚持"：

1.坚持把体制机制创新作为关键和前提

2.坚持把结构调整作为主攻方向

3.坚持把改善民生作为出发点和落脚点

4.坚持把政府引导和市场主导相结合作为基本途径

5.坚持把统筹推进与重点突破相结合作为根本方向

三、"东北振兴"面临的突出矛盾和问题

老工业基地调整改造是发达国家工业化进程中遇到的共性问题，也是世界性难题，由于特殊的国情和体制原因，我国老工业基地面临的问题更复杂，调整改造任务更加繁重。"东北振兴"战略实施多年，成效显著，但总体上看仍是阶段

性的，还不稳固、不平衡、不全面、不协调，制约东北老工业基地振兴发展的深层次体制性、机制性、结构性矛盾仍未根本消除，从新时代经济高质量发展的要求看，还有很多值得高度重视的问题。

1.思想观念滞后是"困难之根"

东北在不同层面、不同地方还存在着如下现象：思想保守，不思创新和改革；思想僵化，不愿创新和改革；思想陈旧，不会创新和改革；重官轻商，不善创新和改革。东北在如何发挥市场作用，更多地用市场的、经济的、法治的、政策的手段来促进经济社会发展方面，研究还不是很到位。

2.体制机制约束是"百病之源"

在东北的经济生活中还是政府唱主角多，市场作用发挥不充分，国企不强、民企不壮，错过了市场的窗口期。另外，一些保守思想未能从根本上消除，固化了发展路径，也弱化了创新动力。

3.发展固化是"转型之困"

第一，东北经济的以往发展主要靠投资拉动，靠资源要素（土地、环境、劳动力）拉动，科技创新的贡献度相对比较低。以往投资对东北三省经济的拉动占50%~58%，占比最高的年份曾达到80%，经济增长的"三驾马车"只靠投资拉动是不可持续的。第二，产能过剩和效率低下并存，产品过剩与好产品缺乏并存。第三，生产集中度低，产业链条短，产业集约化程度低。

4.创新能力弱化是"动力之失"

科技成果、科技人才的流失比较严重，新兴产业发展规模小且速度慢。东北的科研院校有100多所，中科院的两个分院分别在大连和长春，但科技成果的转化率并不是很高，即老百姓说的"墙里开花墙外香"。一些项目的审批层次较多、周期较长。而有些科学家到南方出差，被农民企业家堵在宾馆里，有些项目两个小时就能谈成。

5.历史包袱之重是"发展之痛"

国企冗员、债务高企、企业办社会等负担，一直是拖累东北振兴的繁重包袄，尽管多年来国家给予了东北许多政策，地方政府积极努力，但由于种种原因，仍未彻底解决好留下的"三座大山"：厂办大集体；企业办社会和社会保障等负担；资源枯竭型城市多，转型难度大，全国69个资源枯竭型城市中有21个在东北三省。

四、加快六方面转型，重振东北昔日辉煌

加快转型升级，优化结构，提高发展的质量和效益，是实现东北全面振兴的重中之重，特别是快速提升科技创新能力、加快新动能的培育，更是东北全面振兴的首要任务。因此，统筹做好以下六方面转型，是绕不过去的坎。

1.产业转型

由以传统工业产业为主向以科技创新服务型产业为主转变。东北过去主要是提供单一设备，现在要为客户量身定做，提供精准化、差异化、定制化服务，为用户提供总体解决方案，要不断提高产品的质量和效能，同时还要快速发展现代服务业。

2.城市转型

由功能缺失、单一型城市向承载、集聚、辐射、引领带动型城市转变。加快城市交通基础设施的改善、市政基础设施的优化和功能园区的建设，完善城市配套服务功能，打造新型城镇动能。

3.社会转型

由事后扶贫济困向共享发展改革成果转变。要重点解决好就业、养老、入托、看病、住房、出行便利等问题，真正把握当前开展的"不忘初心、牢记使命"主题教育的初衷，始终全心全意为人民服务。

4.生态转型

由过去的工矿生产向山水林田湖草和谐共生、宜居宜业宜游转变。过去东北许多城市都是因矿而建、因矿而生，对城市发展、生态环境考虑不多，这些城市

亟须补齐城市矿山环境地质灾害治理、水体环境治理、大气环境治理、固体垃圾处理、城市生态修复绿化等短板。

5.文化转型

由在计划经济长期影响下形成的思维定式向市场经济下的努力创新、奋斗拼搏转变。

6.体制机制转型

按社会主义市场经济要求，由过度依赖"有形之手"向更多依靠市场的"无形之手"转变。真正做到企业无事不插手，企业有事不撒手，企业好事不伸手，企业有难不放手，构建新型政商、政企关系，构建适应市场要求的营商环境。

打通东北振兴与对外开放的政策大平台

柴海涛
商务部国际贸易经济合作研究院国家高端智库专家咨询委员会委员、原院长

在全国经济发展大格局中，东北振兴与对外开放具有重要的战略意义和地缘意义。习近平总书记在深入推进东北振兴座谈会上的重要讲话，为新时代东北经济振兴与开放指明了方向。"重塑环境""国家重大战略的坚强支撑"这两大任务和定位，对推进东北对外开放具有极强的针对性和指导性。抓住有利时机，打通东北振兴与对外开放的政策大平台，形成开放型经济的新格局，是东北振兴的重要一环。

一、以自贸试验区为抓手优化营商环境

当前东北振兴的突出问题之一是市场化程度不高，营商环境需要进一步优化。这些属于深层次的体制机制矛盾，要通过深化改革开放和机制创新加以解决。以东北地区自由贸易试验区建设为契机，全面深化改革，用制度创新和复制推广来推动营商环境的变化，是至关重要的一招。

历史上，自贸区的形态由法国马赛港、意大利里窝那港等自由贸易港区，美国倡导的以出口加工为主要目标的自由贸易区，以及20世纪80年代以来许多国家的自由贸易区，开始向高新技术、知识和资本密集型自贸区发展，形成"科技型自由贸易区"。根据这些经验，我们可以在试验区大胆探索和实践，因地制宜，择善借鉴。同时，中国自贸试验区以制度创新推进营商环境优化的理念和实践，为国际贸易中的自贸区理论添加了浓重的一笔，体现出鲜明的中国特色。

我国自贸试验区建设的核心是通过开放倒逼改革，通过营造国际化、法治化的营商环境，实现从依靠要素红利向依靠制度红利的转变，这对东北振兴具有重要意义。综观自贸试验区五年来的实践，各地的自贸试验区利用改革自主权，对标国际高标准，大胆创新、深化改革、扩大开放，取得了很多新鲜经验和成效，为构建全面开放新格局和培育国际合作竞争新优势发挥了"试验田"和"标杆"的作用，特别是在"放管服"、投资管理体制、贸易便利化、金融开放创新等多个方面取得了突破。国务院和各部门已向全国或特定区域复制推广自由贸易试验区改革试点经验150多项。比如，上海自贸试验区探索推行的负面清单管理制度、浙江自贸试验区实施的只跑一次的"放管服"改革、广东自贸试验区推行的单一窗口和一站式通关服务都逐步推广到全国。在东北，辽宁自贸试验区沈阳片区的优化涉税事项办理程序、大连片区的进境粮食检疫全流程监管、营口片区的集装箱风险分级管理制度3项创新经验，已被列入国家第五批改革试点经验，将在全国范围内复制推广，其他涉及政府职能转变、贸易投资便利化等领域的45

项改革创新经验已在辽宁全省推广。例如，深化商事登记制度改革、推进审批流程再造、"六十证合一"使企业办理相关证照的时间由50天缩减为2天；深化"放管服"改革，向沈阳、大连、营口3个片区下放首批133项省级行政职权；全面实施"证照分离"改革，对95项商事登记后置审批事项，采取取消审批、审批改备案、实行告知承诺等方式实施分类改革。好的贸易投资环境涉及高效率、便利化、低成本、可预期四大方面。这几个关键词对一个地区的经济健康和长远发展非常重要，也是一个现代经济社会所具备的根本要素，政府应该在这方面给予更多的关注，使大力气、下大功夫。

2019年8月26日，《国务院关于同意新设6个自由贸易试验区的批复》同意设立中国（黑龙江）自由贸易试验区。东北地区的自贸试验区布局逐步完善，形成南北呼应的改革开放创新格局。按照国家规划构想，新设自贸试验区更加注重与国家重大战略的融合，进一步对标高标准国际经贸规则，充分利用各地资源禀赋优势与区位优势，形成各有侧重、各具特色的试点格局。黑龙江自由贸易试验区总体方案重点从六个方面来进行建设和探索：一是切实加快政府职能转变；二是深化投资领域改革；三是推动贸易转型升级；四是深化金融领域开放创新；五是培育东北振兴发展新动能；六是建设以俄罗斯和东北亚为重点的沿边全面开放合作新高地。前两方面讲的是营商环境优化问题；第三、四、五方面，讲的是产业结构转型、发展动力转换问题；第六方面针对东北的地缘优势为提升沿边开放提供更大发展空间，创造更多的合作发展机遇。

东北振兴应该抓住改革开放的"牛鼻子"，通过自贸区建设，针对制度短板开展开创性探索和重大改革，并逐步推广，以此改善整体营商环境，让制度创新成果惠及当地，以开放促改革、促发展，促进治理体系和治理能力的现代化。哪些制度短板需要弥补？我认为以下几个方面应该被高度关注。一是要建立与国际先进经贸规则接轨的贸易投资管理体系，解决市场开放度不足的问题。新的外商投资法将于2020年1月1日起施行，届时"准入前国民待遇+负面清单"的外商投资管理体制将在全国实施。我们应落实好新法，拆除开放领域落地实施中存在的"玻璃门""弹簧门",切实提升市场开放度。二是进一步提高贸易投资自由化、便利化水平,打造一流的市场化、法治化、国际化营商环境。目前自贸试验区沿用传统的海关特殊监管区监管模式,与国际通行的"境内关外"监管模式还有差距,需要发挥才能进一步创新,加大力度缩短负面清单、进行政府协同改革、推进证照改革、提高一站式服务集成度、打造信息化和智能化的智慧政府、推动信用体系建设、建立统一监管平台、推动政务数据和监管信息互通共享等。三是发挥自贸试验区特色优势,促进体制机制创新。在东北地区战略定位和地缘优势方面推进差异化创新,以区域特色聚集优质要素资源。

二、以自贸协定为机遇融入"一带一路"

国际金融危机爆发以来,世界经济复苏进程一波三折。民粹主义抬头,逆全球化思潮泛滥,全球贸易保护主义倾向日益严重,中美贸易摩擦引起全世界的关注和震动。从2019年的数据看,世界经济增长乏力,贸易和投资疲软态势明显。几大国际组织都下调了对世界经济增长的预测值——IMF从3.5%下调到3.3%,OECD从3.3%下调到3.2%,世界银行从2.9%下调到2.6%。WTO将全球货物贸易增长的预测值从3.7%大幅下调到2.6%。2018年全球FDI下降13%(1.3万亿美元),联合国贸发会议报告预测,2019年全球FDI有望温和复苏,但仍然低于过去10年的平均水平。亚太地区是全球贸易最活跃的地区,但联合国亚洲及太平洋经济社会委员会发布的报告称,亚太地区的货物贸易增速正在放缓,剔除价格因素,出口量和进口量预计只能增长2.3%和3.5%;而吸收外资增速将延续3年来的持续下降趋势。

在如此不佳的外部环境下,我国国际贸易投资仍然保持了一定的增速,超出世界平均水平。2019年1月至7月,我国货物贸易进出口总额为17.41万亿元,增长4.2%,利用外资788亿美元,增长3.59%。其中,我国与25个签订自由贸易协定的贸易伙伴的进出口额半年增长3.8%,与"一带一路"沿线国家贸易额增长 10.2%，拉动我国进出口贸易额增长 2.8%。这是中央有力部署"六稳"措施、各地区各部门坚决贯彻落实、企业积极应对、发挥出超常韧劲的结果；这也与中国长期坚定不移地推进经济全球化、区域经济一体化和"一带一路"建设，实施自由贸易区战略，具有极大的正相关性。从统计数据上看，一是我国与绝大多数自贸伙伴贸易额呈上升趋势，与一些经济体量小的国家的贸易额上升得更加明显，如 2018 年我国对文莱和冰岛出口额增加 100%。我国出口额增长的同时，进口额也出现了增长，来自瑞士、韩国、智利的进口额大幅增长，让这些国家分享了中国发展的红利。二是我国与自贸伙伴双向投资不断增长，2017 年我国吸引 22 个自贸伙伴直接投资 1 064.5 亿美元，覆盖率为 81.2%；同年，我国对它们的投资额为 1 183.7 亿美元，覆盖率为 74.8%。截至 2017 年，我国对 22 个自贸伙伴的直接投资存量已达 11 411.1 亿美元。

当前，我国签署的自由贸易协定有 17 个，涉及 25 个国家和地区，其中 15 个位于"一带一路"沿线。我国正在加快与周边国家和"一带一路"沿线国家的合作，更多的沿线国家愿意与我国商建自贸区，如中日韩自贸区、RECP 区域全面经济伙伴关系协定、海湾合作委员会国家等。此外，我国还与 9 个国家开展了自贸区的联合研究，如中俄关于《欧亚经济伙伴关系协定》联合可行性的研究。这些与东北振兴密切相关的多双边经贸协定，蕴含了巨大的商机。

2015 年 12 月，习近平总书记主持召开中共中央政治局会议，审议通过《中共中央 国务院关于全面振兴东北地区等老工业基地的若干意见》。同月，国务院出台《关于加快实施自由贸易区战略的若干意见》。该文件提出的明确目标是：加快实施自由贸易区战略，坚持分类施策、精耕细作，逐步构建起立足周边、辐射"一带一路"、面向全球的高标准自由贸易区网络。

积极推进自贸区战略，是以区域经济合作方式有效应对外部环境快速变化和逆全球化、保持我国开放型经济可持续发展的有效手段。从我国自贸区的谈判策略看，我国的自贸协定自早期与东盟谈判的"分阶段模式"转变为现在基本采取的"一揽子谈判模式"；从内容看，自开始的关税减让、货物贸易、资本投资等传统领域，扩展到把生态环境保护、投资保护、政府采购、电子商务等新议题纳入自贸区谈判框架。同时，服务贸易、知识产权、竞争政策、环境保护、劳工权益等领域也在逐步成为国家之间谈判和关心的焦点。这是一个重要的动向和趋势，意味着中国特色高标准自贸区将在货物贸易、服务贸易、投资等市场准入领域，实现比WTO更高水平的开放；知识产权、环境保护、电子商务、竞争政策、政府采购、中小企业等新兴领域也将形成新的高标准。

与东北对外开放大通道建设密切相关的自贸协定，主要覆盖欧亚地区和东北亚地区。已经签署和正在谈判的自贸协定有中国与格鲁吉亚、中国与摩尔多瓦的自贸协定；完成可行性研究的有中国与俄罗斯的欧亚经济伙伴关系协定，其着眼于打开北方大通道。在东北亚方面，正在谈判的最重要的协定是《中日韩自由贸易协定》与RCEP区域全面经济伙伴关系协定，后者包括东盟十国、中国、日本、韩国、印度、澳大利亚和新西兰。中日韩三国经济体量巨大，分别为亚洲的第一、第二和第四大经济体，共占世界经济体量的23%；俄罗斯经济规模世界排名第11位。东北地区要实现打造我国向北开放的重要窗口和东北亚地区合作的中心枢纽的目标，建议官产学研各界要组织专门力量及时跟踪、深入研究，利用好国家多双边自贸协定安排，找到切入角度与契机，以区域经贸合作安排为机遇深度融入共建"一带一路"，加快构建东北对外开放的大通道、大平台、大布局。

几年前，商务部一个调研组赴东北与当地机构一起调研，形成了"巩固日本，深耕韩国，稳定朝鲜，开拓蒙古（国），通过东北地区撬动东北亚国家，通过东北亚合作推动东北地区发展"的大思路。这个思路总体来看仍然可行，但要加入自贸协定的新变量。目前，RCEP谈判已经进入最关键的阶段，各方均以在今年内实质性结束谈判为目标；中日韩自贸区谈判自去年开始加速，标准比RCEP高，被称为RCEP+，最近受到日韩互相清出贸易便利"白名单"的影响，出现了一些变数。但从国际贸易大格局上看，美国的单边主义和贸易保护主义的做法，不仅导致中美经贸摩擦升级，也直接威胁到日韩的利益。朝鲜的国家战略也发生了重大变化，提出了"新战略路线"，集中一切力量进行经济建设。东北亚国家加快区域合作步伐已是大势所趋。

三、以跨区域合作为引导形成发展新格局

形成东北地区协同开放的合力，离不开国内跨区域合作。如何以东北地区与东部地区对口合作为依托，把深入推进东北振兴与京津冀协同发展、长江经济带发展、粤港澳大湾区建设等国家重大战略对接起来，南北互动、交流合作，加强重点区域和重点领域合作，是东北振兴的新课题。在这方面，东北地区已经有了一些新尝试，在干部交流、创业创新、产业合作、园区共建等方面取得了阶段性成果，值得及时总结经验、深入探讨、大胆创新，形成东北的地域特色。

（一）"飞地经济模式"

在刚刚挂牌的黑龙江自贸试验区哈尔滨片区，深圳（哈尔滨）产业园区开工奠基，占地26平方千米，计划南北合作打造哈尔滨"创新产业生态核心圈"，这是两地进一步深化对口合作、创新区域合作的新探索、新尝试。若干年前我在广东工作时曾到粤东地区专门调研过这种园区合作经营模式，当时广东省为了解决本地经济发展不平衡问题，提出了珠三角要"腾笼换鸟"，将劳动密集型产业向粤东、粤西地区转移的战略。广东的做法主要是由珠三角发达地区与粤东、粤西相对落后的地区共建产业园。具体的措施有：合作共建联席会议制度、干部交流挂职或任职、转出地向园区输入管理方式和园区规划方案、双方联合招商、地方财政补贴向企业转移等。其中最大的难点是，如何在共建双方责任共担、利益共享的原则下，商定合作区的税收、土地收益和主要经济指标的共享办法，以及园区运营中经济管理和社会事务管理的分工问题。在这方面，东北地区还有许多需要探索的空间，应针对自身特点，既要因地制宜，又要大胆创新，摸索出自己的打法和经验。

（二）物流中枢与口岸经济

东北地区边境口岸众多，仅黑龙江就拥有国家一类边境口岸15个，对俄贸

易量占全国的1/4。从当前东北地区的实践看，依托口岸建立面向俄罗斯及东北亚的交通物流枢纽，进一步扩大跨境运输货物范围和进境口岸范围，以体现对俄合作特色和面向东北亚的区位优势，已经成为主流思路并形成了具体规划和方案。下一步，东北地区既要在打造口岸集疏运体系，加快与境外交通设施互联互通，探索形成符合国际贸易、内贸货物跨境运输所需要的多式联运模式等方面加快步伐；又要在聚集和吸引国内经济要素，同步打造沿边重点开发开放区、边境（跨境）经济合作区，形成物流、综合加工、新型产业并举的口岸经济集群上下功夫。边境和跨境经济合作具有天然区位优势，早在2004年，中国新疆维吾尔自治区与哈萨克斯坦阿拉木图签订框架协议，中哈霍尔果斯国际边境合作中心成为世界上首个跨境贸易投资合作中心。经过多年耕耘，其聚集了不少国内资源，具备了一定的示范效应。东北地区应在跨区域经济合作中，突出"跨境""对俄""东北亚"等主题，在跨境能源资源综合加工利用、商品储运加工集散、绿色食品、商贸金融、现代物流、旅游健康等领域，细化项目，招商引资，打造开放合作的特色平台。

（三）边境互市贸易

东北边民互市贸易总量不大，每年仅10多亿元人民币，但属于沿边开放的特色之一，打通了食品、小商品的民间进出口流通渠道。目前黑龙江、吉林开放了12个互市贸易区，主要进口的商品有面粉、豆油、糖果、蜂蜜、果汁和冰冻水产品。近年来，进口商品逐渐扩大到日用百货和艺术品。省级政府拥有设立边民互市贸易区的批准权，东北应用足、用活互市贸易政策，适当放宽进口商品种类，着力解决互贸商品进入国内市场的流通和加工环节问题，应增加工业品进口，延伸产业链条，以增加就业岗位、提升边民参与度和增加边民收入，释放边境贸易潜力。

第二篇

东北振兴与企业力量

资本产业"双轮驱动"，
合力奋进"再闯关东"

——中国国新对东北振兴的思考

莫德旺
中国国新控股有限责任公司董事、总经理

一、紧扣国家战略部署，积极把握新一轮东北振兴带来的机遇

东北地区是我国重要的工业和农业基地，战略地位十分重要，关乎国家发展大局。党的十八大以来，以习近平同志为核心的党中央做出了实施新一轮东北振兴战略的重大决策。在党中央、国务院的坚强领导和大力支持下，东北地区在完善体制机制、开启结构调整、鼓励创新创业等方面，做了大量富有成效的工作，取得了积极的进展，开启了新时代东北振兴的新篇章。改革开放以来，东北地区国有企业在自身壮大发展的基础上，通过支持援建企业、输出人才技术等方式，为全国经济发展和现代化建设做出了突出的贡献。此次新一轮东北振兴战略的启动，既与经济全球化发展趋势和国家重要战略机遇高度契合，同时也给关内外的实体产业和金融资本带来了重要的发展契机。

（一）东北传统制造业转型升级带来的新机遇

东北地区拥有良好的装备制造业基础，在"制造强国"战略深入推进的过程中，东北地区传统制造业加速智能化、现代化、信息化、绿色化转型升级，将有力地牵引、带动巨大的技术和装备升级需求，带来与产业资本、投资机构等在装

备升级、技术变革等多方面的合作机遇和空间。

（二）东北新兴产业和新经济增长点创新培育带来的新机遇

当前，全球新一轮科技革命和产业变革同我国经济结构优化升级交汇融合，随着我国创新驱动发展战略深入推进，战略性新兴产业和高技术产业迎来了重要的发展窗口期。东北地区聚集了众多优秀的高等院校、科研机构，拥有大量科技研发人才，具备较强的科技创新综合实力。通过与产业资本、投资机构的协同合作，东北能够加快推动新兴产业发展和新经济增长点培育，带动东北振兴的新旧动能转换。

（三）东北打造对外开放合作新高地带来的新机遇

当前人类命运共同体加快建设，我国对外开放水平不断提升。东北地区区位条件优越，具有沿边沿海的天然对外优势，是我国向北开放的重要窗口和东北亚地区合作的中心枢纽，在"一带一路"倡议中具有重要的位置。在新形势下，构建东北对外开放的新格局，不仅对东北振兴起到重要推动作用，更能为产业资本、投资机构依托东北这一对外开放的高地，深化东北亚区域经济和产业合作，深度参与"一带一路"建设，提供全新的战略机遇。

2018年10月，国资委党委书记郝鹏在东北调研时强调，中小企业要坚定信心、担当有为，为推进新时代东北全面振兴贡献力量。中央企业更应认真落实党中央、国务院的决策部署，牢牢把握此次新一轮东北振兴的战略机遇，深度参与并积极融入东北振兴战略，与东北携手走高质量发展之路。

二、推动资本与创新的深度融合，为东北振兴注入新动能

习近平总书记多次指出，推动经济高质量发展，要把重点放在推动产业结构转型升级上，把实体经济做实做强做优。东北地区是我国重要资源和高端装备产品的生产基地，推动加快科技创新步伐将为东北加快传统产业的转型升级，向高端制造、智能制造迈进注入新动能；培育孵化更多科技成果在本地落地生根，实

现"墙内开花墙外香"，将为东北加速新兴产业拔节生长、培育新的增长点注入新动能；构建开放合作高地，推动东北企业更好地"走出去"和"引进来"，能为东北做强、做大产业链生态圈注入新动能。

依托较好的工业和科技创新基础，近年来东北地区传统制造业的科技创新步伐进一步加快，新业态、新产业培育孵化力度进一步加大，蕴藏的创新潜能进一步释放。但是我们注意到，资本要素作为三大生产要素之一，在东北地区相对缺乏，成为制约东北地区创新技术孵化、科创资源转化、创新成果产业化的重要因素之一。据统计，在2018年度全国社会融资规模增量中，东北地区仅占全国增量的3.5%。由于高科技投资和新产业培育存在回报收益不确定性高、周期较长等特点，在初期阶段普遍存在融资难的问题。很多地区都将基金投资作为连接金融资本和科技创新的桥梁和纽带，其在破解创新技术市场转换难题方面发挥独特的"催化"作用。目前，东北地区备案私募基金的管理资金规模与国内平均水平相比还有不小差距。我们认为，当前东北应高度关注补齐资本"短板"，充分发挥基金投资等资本运营手段对产业升级、科技创新、培育孵化的资本撬动作用和对企业"走出去""引进来"的牵引带动作用。

以基金投资促进科技创新培育孵化和产业转型升级，不仅是在资金上提供支持，还可以通过多种手段为被投资企业赋能以提升其价值。在此方面，中国国新经历几年的探索实践，积累了一些经验，取得了一定成效。比如，在投资方向和策略上，我们重点关注投资项目是否处于战略性新兴产业，是否处于产业链、价值链高端，是否处于关键核心技术"卡脖子"的环节；重点评估项目的财务回报水平和自身风险承受能力；重点评估项目是否符合国家战略方向，是否契合国新投资生态圈。截至目前，中国国新累计投资的战略性新兴产业项目达到110多个，交割金额超过2 000亿元，涉及高端装备制造、生物医药、新能源与新材料、节能环保、新一代信息技术等方面，实现战略性新兴产业9个子领域的全覆盖。在投后管理赋能方面，中国国新积极通过融资支持、管理咨询、业务协调、供应链优化等多样化手段对被投企业进行投后赋能，并积极推动已投企业和项目加强业务、技术合作和产业链协同，激发其价值潜力。目前，中国国新所投企业中，3家已成功登陆科创板，另有12家将陆续在科创板上市。

因此，在助推产业转型升级、落实东北振兴战略方面，中国国新将积极探索在东北地区合作设立有关基金和平台，深入挖掘和投资优质项目，引导和带动社会资本助力东北地区科技创新孵化，并推动东北地区企业与国新投资生态圈互补、协同合作。目前，我们已与东北有关政府部门启动了相关基金的筹设对接工作。同时，我们将依托境外投资平台和国新系基金，积极支持东北地区企业获取国内紧缺资源、实施境外高端制造业并购、开展以东北亚地区为主的国际产能合作等，更好地实现"走出去"；推动有关核心技术、先进产能等"引进来"，做强、做大东北地区相关产业链、生态圈。

三、以国企改革为突破口带动全面深化改革，将为东北振兴激发新活力

习近平总书记在东北考察时指出，国有企业地位重要、作用关键、不可替代，是党和国家的重要依靠力量，国有企业要改革创新，不断自我完善和发展。东北是新中国工业的摇篮，国有企业在东北地区经济中的地位和比重突出，在技术、产品、人才方面的实力和优势非常明显，是东北经济的顶梁柱、压舱石。我们认为，通过推动国企改革进一步释放国有经济活力，并增强其与民营经济发展的协调性，将是加速带动东北振兴全局性突破的"重头戏"。在"双百企业"综合性改革中，全国"双百企业"共446家，东北地区有34家（中央企业层面20家、地方国有企业层面14家），充分反映了中央对东北国企改革示范作用的高度重视。

国有资本运营公司改革试点是中央关于完善国有资产管理体制，以管资本为主加强国有资产监管，改革国有资本授权经营体制的重大决策部署，也是国企改革的关键领域。作为试点的中小企业有两家：一家是国新，另一家是诚通。运营

公司一是能够以发挥财务性持股为主的优势，以基金投资来撬动社会资本，参与国有企业股权开放改革、跨国所有制改革、市场化的债转股、上市公司的增资扩股，促进国有企业完善现代企业制度、提高资本运营效率；二是能够发挥跨部门、跨产业、跨行业投资运营优势，探索以市场化方式参与国企资产或业务的专业化重组整合，协助化解产能过剩，推进重组脱困，加快剥离低效、无效资产，向产业链关键环节和价值链高端支柱转化；三是能够发挥产融结合优势，开展股权投资，拓宽企业产融结合渠道，支持国有企业以多种方式进行直接或间接融资。

经过三年多运营公司的改革试点，中国国新一直将"形成可复制可推广的运营公司试点经验和模式"作为重要目标，从搭建业务平台到规范治理管控，从完善体制机制到加强风控监督，进行了一系列探索实践，取得了一定成效，并积极支持了央企重点领域改革。在发挥运营公司平台作用、助推东北国企深化改革方面，中国国新一方面十分愿意与东北地区国有资本运营平台开展广泛深入的对接与交流合作，为推动东北地区国企改革，进而带动全面深化改革的创新突破注入新活力、新动力；另一方面将积极探索以市场化方式参与东北国企专业化重组整合，推动提质增效。例如，中国国新探索运用金融科技创新保理、租赁产品服务，更好地支持东北国企巩固深化"三去一降一补"成果；通过"双百基金"的投资，积极助推"双百企业"综合性改革；通过资信评级业务，协助东北企业提升融资能力、管理信用风险；通过推广"企票通"平台，服务东北国企票据融通、增强资本流动性，等等。

在党中央、国务院的坚强领导下，按照国务院国资委的要求，中国国新将认真贯彻落实东北振兴战略部署，不忘初心、主动担当，做"再闯关东的生力军"，为新时代新一轮东北全面、全方位振兴，做出积极贡献。

透过现象看本质！
——从汽车产业看东北经济发展

李吉宝
长春市工商联（总商会）主席（会长），
长春市汽车行业协会会长，吉林省通用
机械（集团）有限责任公司董事长、党
委书记、总经理

一、汽车行业发展迎来新起点

中国的汽车市场连续十几年产销量世界第一，于2018年结束了28年的快速增长，增速减慢，整个汽车产业出现了负增长，甚至出现了很多企业破产的情况。可预见的是，在未来三至五年内，汽车产业可能出现大规模的调整和整合，将有20%~50%的自主品牌和汽车零部件企业被兼并重组或者破产。面临这样的危机，汽车产业何去何从？这是不是汽车工业的拐点？大家都在探索、研究。我认为，这不是中国汽车产业向下的拐点，而是新的起点。

经济转型升级需要调整，结构调整、经济调整需要转换速度，即由高速增长转向中低速增长，这是所有行业发展遵循的规律，汽车产业也不会例外。产业发展的基本规律是全球化、市场放开、自由竞争、同质化、淘汰弱势企业、形成优秀企业、产业集中度增加。这个进程有的产业慢，有的产业快。汽车产业是大产业，它的这一进程来得可能相对慢一点，但迟早是要来的。另外，技术的发展一定会带来产业的拐点。面对汽车产业的调整和整合，吉林通用2006年从国有企业转为民营企业，截至目前资产增加了60多倍，营业收入也增加了60多倍，最重要的是要掌握大趋势、大政策、大工具。

习近平总书记在2018年11月1日民营企业座谈会上的讲话指出，在结构调整过程中，行业集中度一般会上升，优势企业胜出，这是市场优胜劣汰的正常竞争结果。这就是大趋势。大政策是国家在支持什么、省里在支持什么、市里在支持什么。掌握大工具也非常重要，工具是认识世界、改变世界、征服世界的手段，作为一个企业家，如果不知道这个行业中什么是最先进的工具，还是用过去传统的高耗能设备来生产汽车，一定会出问题。

二、发挥东北优势打造汽车产业发展新高地

除此之外，更为重要的是如何规划企业、制定蓝图。想干的事、能干的事和应干的事，三者交织在一起才是正式的蓝图。对于想干的事，一定要有思路，发挥优势。什么是东北的优势？制造业是东北最大的优势，东北每个城市几乎都有制造业的基础。如何发挥优势很重要，不能总是在补短板而不把长板做长，一定要扬长避短。如果一个城市要发展高科技，首先要具备高科技所需的条件；要招商引资，首先要有良好的营商环境。所以要扬长避短，发挥优势。至于能干的事，一定要有干事的能力，没有就要提高能力，还要知道有什么长处和短处。应干的事，是社会需要什么。中国汽车产业已经连续增长了28年，汽车工业的发展史就是近代工业发展史。英国、德国、美国、日本、韩国、中国，在快速发展过程中都离不开汽车工业的支撑，因为汽车工业是制造业的标杆，汽车工业凝聚着人类最先进的科技成果。汽车产业的重要特点是规模大、可持续、增长快、可循环。长春是中国汽车产业的摇篮，每年有200多万辆的汽车产销量，而且这一数据还在增加——奥迪在增量投资、丰田在增量投资，我们作为长春人一定要发展这一优势产业。汽车整车靠零部件来支撑，零部件不发展，整车一定会出问题，所以我们就选择了发展汽车零部件生产，这是我们想干的事、能干的事和应干的事。

如何做好汽车零部件，我想重要的是掌握工具。我们正在用机器代替人、用软件代替人、用科技代替人。什么是用机器代替人？现在蓝领很难找，尤其是成熟的蓝领更难找，所以用机器代替人解决了蓝领问题。软件代替的是白领，因为软件可以解决管理问题、技术设计问题、采购问题、物流问题等。科技代替的则是重要的决策人，因为每项技术的发展都带来了世界产业发展的拐点，技术进步就是拐点，到现在为止的四次工业革命都源于技术进步，所以不掌握先进技术就抓不住拐点，抓不住拐点战略决策就要出问题。

汽车产业最近出现的特点就是两极分化，有的企业越来越好，有的企业已经很困难了。现在20%~50%的中国汽车主机厂是要被兼并、被重组、被整合，甚至破产的。整车一定会带动很多零部件产业共同发展，产业集中度在快速提升。2018年，中国的汽车产量达到2 800万辆，90%的产销量集中在前十的汽车集团，2019年上半年，排名前八的汽车集团的产销量约占总量的90%，而且这个速度还在加快。这个趋势不是人为的，是汽车产业发展的内在规律。

产业集中度的增加，必然带来颠覆传统的商业模式。十几年间，我们企业的产量增长超过60倍，这个速度还是慢的。如何快速增长？我们提出了三大目标：打造全球最大的汽车零部件研发和生产基地；打造完整的汽车零部件工业体系；打造中国智能制造示范园。为什么要提出这些目标？就是要迎合汽车产业发展的集中化、集群化、集聚化、集成化规律。

中国汽车产业由大到强是必然的发展规律，中国汽车产业的年产量一定会突破3 500万辆，但一定要有3 500万辆汽车的零部件做支持。所以，零部件是整车的重要支柱，整车需要集中，零部件必然要更加集中。因此，汽车产业发展是大概率、大方向，调整、整合也是大势所趋。

打造合作共赢新模式，
构筑融合发展新优势

潘艳辉
黑龙江讷谟尔农业发展有限公司法人、
董事长

党的十九大以来，乡村振兴成为国家战略，总目标是实现农业农村现代化，没有农业农村现代化就没有全面的、稳固的国家现代化。黑龙江是全国第一农业大省，农业现代化建设具有得天独厚的优势。2016年5月，习近平总书记在黑龙江考察时指出，黑龙江是农业大省和粮食主产区，要统筹抓好现代农业产业体系、生产体系、经营体系建设，因地制宜推进多种形式规模经营。这既明确了任务要求，又做出了路径安排，为我们组建新型农业经营主体，以新思路实现农业振兴提供了根本遵循的目标。

一、围绕构建"三大体系"，全面提升现代农业整体素质和竞争力，统筹农业供给侧和消费端

讷河位于世界著名三大黑土带之一的松嫩平原北端，地处黑龙江省西北部，有耕地面积638万亩，土地肥沃，物产丰饶，粮食产量长期保持在40亿斤以上，是闻名全国的产粮大县，也是中国马铃薯之乡、中国甜菜之乡、全国优质大豆主产地和国家绿色食品原料种植基地，素有"黑土明珠、北国粮仓"的美誉。

伴随着工业化与城镇化的逐步推进，讷河同其他农业大县一样，也出现了劳动力大量迁移、土地快速流动的现象，农业发展出现了地块碎、人力少、资金

散、融资难和服务短缺等问题。面对挑战，我们积极对标发达地区，以思想大解放促进农业发展，着力构建现代农业产业体系。

2018年讷谟尔农业发展有限公司（以下简称讷谟尔公司）成立，注册资金为5 000万元，公司以农业生产专业化、商品化、社会化为发展方向，用现代理念指导农业，用规模经营发展农业，用良种、良技、良法武装农业，用金融手段支持农业。公司于成立当年通过对土壤、气候、茬种等因素进行综合分析，采用新型农业综合种植模式，利用汉麻地轮作大豆0.5万亩、玉米3万亩，大豆平均亩产达到455斤，玉米平均亩产达到1 810斤，创造了黑龙江地区大豆、玉米种植产量纪录。

讷谟尔公司由东北农业大学、华中农业大学提供技术支撑，整合两个千万元规模的农机合作社，成立股份制农机联合社，引入九三农垦先进机械力量，实现了高标准管理、高标准作业；成立股份制种植合作社，依托公司的专业种植团队，应用深松深施肥大垄双行密植技术；成立农业植保服务公司，在作物生长全过程中实行现代化无人机喷肥施药。2019年，公司在拉哈镇建设1 000亩高标准水肥一体化示范区，全部采用以色列膜下滴灌和水肥一体化新技术种植，亩增产在40%以上，为齐齐哈尔市旱田减肥增效树立了高标准样板。

二、围绕乡村振兴，全面解决农民离土不离乡问题，统筹城乡区域发展

如今我国农业步入了"70后"不愿种地、"80后"不会种地、"90后"不谈种地的尴尬境地。农业兼业化、农村"空巢"化、农民老龄化问题日益突出。在此背景下，讷谟尔公司响应讷河市政府推进农业共赢制的号召，整合生产要素，于2019年4月斥资5 000万元组建了黑龙江省规模最大的农业股份制合作社——讷谟尔农业股份专业合作社，吸纳了8家股东及种地大户带地入社，实现规模流转土地22.3万亩。

在运营模式方面，合作社依托前端"规模种植+职业经理人运营+农业服务+企业+农户"，后端"保险+期货+金融"对接的新型运营模式，有效地破解了谁来经营、谁来种地、谁来服务的问题。

在分红模式方面，合作社以农民土地承包经营权和村集体资产入股为主体，以保底收入加二次分红的方式，为经营主体提供每亩土地450元的资金支持。另外，土地股、投资股均按股参与二次分红，同股同利，每股最低保障20元。除保底收益和二次分红外，公司每亩土地拿出5元用于土地流转村的扶贫事业，可实现土地流转村贫困户年增收2 000元以上。

以保国村入社分红模式为例，通过土地入股二次分红，其以3 000亩机动地入股合作社，每年收入135万元。年末合作社对每亩土地进行二次分红，保国村年收入6万元。另外，保国村将闲置学校作价30万元入股合作社，年收入3万元。合作社通过集约化经营，优化农业资源配置，让农民更多地分享到增值收益，实现了资源变资产、资金变股金、农民变股东的深度改革，有效地将一家一户分散的、小规模的、粗放式的经营模式，调整为集约化、专业化、组织化、社会化相结合的新型农业经营模式，提高了农业生产的组织程度，提升了农业综合竞争能力和吸引力。目前讷河已完成了15家股份制合作社的组建，共赢制模式即将在讷河全面推广。

三、围绕农业产业链和生产链，全面提升金融服务水平，统筹工、银、农三产对接

讷谟尔公司围绕齐齐哈尔市确定的重点企业和讷河市主导产业，以绿色集约生产为思路，坚持打绿色牌、走特色路；顺应农业公司对口工业企业的市场发展趋势，同宏展集团、笙得利公司等工业企业建立订单种植模式，既畅通了粮食销售渠道，又稳定了工业原料供应。公司秉承头尾一体、融合发展的理念，在玉米、大豆、工业大麻产业链中，与企业建立了紧密联系。

在玉米产业链方面，讷谟尔公司依托落户拉哈工业小镇总投资20亿元的宏展集团玉米深加工项目，每年有6万亩玉米的种植订单，并同敦煌种业种子营销分公司建立了以产业链为基础的合作关系。讷谟尔公司计划成立玉米种子公司，打造玉米种植的产前、产中、产后全产业链模式；开发适合讷河区域的高淀粉玉米品种，为即将落户讷河的百亿生物医药中联体项目提供优质玉米淀粉原料。

在大豆产业链方面，2019年讷谟尔公司结合国家大豆振兴计划，和讷河大豆绿色高质高效创建示范县合作种植大豆16万亩，并与黑龙江普兰种业公司成立了大豆种业公司，联合东北农业大学合作繁育大豆种子，在讷河建立大豆品质研发繁育制种基地，逐步拓展订单回收、仓储、贸易、深加工等相关业务。

在工业大麻产业链方面，讷谟尔公司成立了黑龙江首个种植工业大麻的备案企业，并同哈药集团合作，采用膜下滴灌试种农麻5号1 000亩，预计每亩可产50公斤的工业大麻。

同时，金融资本也为优化农业产业链、生产链，推进农业供给侧结构性改革提供了强大后劲。中国建设银行专门面对农业经营主体开展了普惠金融业务，"地押云贷"以土地经营权为抵押，为合作社、家庭农场、种植大户提供最高授信500万元、年利率低于6%的贷款，真正解决了农业新型经营主体没有合格抵押物、种地融资难和融资贵的问题，使低利率的普惠金融直接服务于实体经济最底部，为地方农业经济发展建设提供了强大支持。

讷谟尔公司去年与中国建设银行讷河支行合作，率先使用了建行"地押云贷"产品，融资贷款870万元，并引领带动其他合作社、家庭农场，共办理"地押云贷"85笔，授信金额8 931万元，使用金额8 661万元。另外，讷谟尔公司还引导农民、合作社、家庭农场，积极参与保险加期货业务，通过为入社成员上收入险、大灾险、价格险等多种保险，进一步增强了其抗御市场风险的能力。

讷谟尔公司将以构建农业共赢制为主要路径，突破讷河农业发展瓶颈，优化农业资源配置，带动农户增收，实现现代物质技术装备、企业家能力等先进生产要素与经营方式高效对接。讷谟尔公司计划2020年继续扩大流转土地20万亩，总规模达到 42 万亩，利用三年时间建设总规模达到 100 万亩的绿色农业高质高效示范区，打造独具特色的讷河现代农业示范基地，引领讷河全市农业经济结构调整，打造讷河非转基因产地、中国地理标志保护产品的金字招牌，进一步提升与建行合作的金融产品的品牌影响力及规模，与金融界一道助力东北振兴，实现黑土农业效益最大化的美好愿景。

四、关于更好地开展涉农金融服务的相关建议

第一，建议金融机构加大春播和秋收阶段的放贷力度。春耕的物资及机械费用和秋收后的商品流通费用，是农业生产经营过程中最重要的两个环节，也是最关键的两个环节，一旦资金不足就会误事，可能为经营主体带来巨大的损失。现阶段各金融机构的授信标准主要是资产、信用、产品，结合农业种植周期性特点进行金融服务的习惯还没有形成，因此建议各金融机构应该像"双十一"为信用卡开展提额业务一样，也为广大农业经营主体及时提高额度，从而确保农业生产环节的顺利开展、产品销售环节的及时完成，提高农业生产经营销售过程的稳定性，同时也避免一些不良贷款乘虚而入，损害农业生产经营主体的利益。

第二，建议保险机构继续深耕收益险、种植险等险种。根据中国人民银行的统计数据，目前我国农业保险品种多为成本保险等政策险，其约占农业保险险种的 75%，且有 25% 是价格险、收入险等，农产品多为海参、苹果、玉米等。可以说，农业保险的品种细分还不够，结构设计不尽合理，险种可选性少，无法满足农户的多样化需求。就目前农业保险产品市场化程度不高的情况，建议保险机构可以探索农业保险保单质押贷款、农户信用保证保险贷款等适合农户生产生活的银保产品，并根据不同的地区种植结构、种植作物的特点，因地制宜开发特色的保险产品，让不同的经营主体能够选购到适合自己的基本险或附加险等产品，以满足农业生产的需求。

东北振兴与内蒙古区域经济协同发展

纪玉虎
内蒙古远兴能源股份有限公司副总经理

一、东北振兴战略背景下蒙东地区经济实现跨越式发展

2007年，国家把蒙东地区的呼伦贝尔市、兴安盟、通辽市、赤峰市、锡林郭勒盟五个市，以及满洲里、二连浩特两个计划单列市，纳入国家东北振兴战略实施范围。内蒙古自治区位于中国北部边疆，横跨东北、华北、西北三大区，东西纵深近3 000千米，由于东西跨度太大，蒙东地区和中西部地区经济发展很难形成有效互动，协同效应难以发挥。从历史上看，蒙东一些盟市的经济总量、财政实力曾一度领先，一些产业、企业和品牌曾一度辉煌。但近年来，蒙东地区与"呼包鄂"等中西部地区经济发展的差距逐渐加大。1998年，赤峰市的地区生产总值是134亿元，鄂尔多斯市的地区生产总值是100亿元，赤峰市的地区生产总值是鄂尔多斯市的1.34倍；2018年，赤峰市的地区生产总值是1 150亿元，鄂尔多斯市的地区生产总值是3 673亿元，鄂尔多斯市的地区生产总值是赤峰市的2.43倍。这两个城市的发展变化也正是内蒙古中西部地区和东部地区经济发展的缩影。蒙东地区需要在东北振兴的大战略框架下，加快与东北三省的融合，迎头赶上。

党的十八大以来，以习近平同志为核心的党中央高度重视东北振兴工作。习

近平总书记多次深入东北三省考察，数次在全国两会期间到东北三省地区代表团参加审议，两次主持召开有关东北振兴的座谈会，发表一系列重要讲话，做出重要指示。2018年9月28日，习近平总书记在沈阳主持召开深入推进东北振兴座谈会，内蒙古自治区党委书记李纪恒、内蒙古自治区政府主席布小林也参加了此次座谈会，并在会上结合内蒙古自治区的实际情况做了发言。习近平总书记在座谈会上强调，新时代东北振兴是全面振兴、全方位振兴，要从统筹推进五位一体总体布局、协调推进"四个全面"战略布局的角度去把握，同时就深入推进东北振兴提出六个方面的要求：一是以优化营商环境为基础，全面深化改革；二是以培育壮大新动能为重点，激发创新驱动内生动力；三是科学统筹，精准施策，构建协调发展新格局；四是更好支持生态建设和粮食生产，巩固提升绿色发展优势；五是深度融入，共建"一带一路"建设开放合作高地；六是更加关注补齐民生领域短板，让人民群众共享东北振兴成果。

自2007年蒙东5个盟市纳入东北振兴战略实施范围以来，内蒙古自治区政府积极推动蒙东地区融入东北振兴战略，全区从服务东北振兴战略全局和促进区域协调发展的高度出发，认真贯彻落实国家东北振兴各项政策部署，制定实施了一系列政策举措，在资金和项目等方面给予东部盟市重点倾斜支持，东部盟市发展取得了重要的阶段性成果。

如今，蒙东地区经济社会实现了跨越式发展，经济总体实力显著增强，基础设施建设成效明显，生态保护与建设取得新进展，社会民生事业进一步发展，蒙东地区人民群众获得感持续增强。12年来，蒙东地区生产总值从2007年的2 114亿元，增长到2018年的5 391亿元，一批重大项目如期建成。铁路方面，通辽京沈高铁连接线建成通车，赤峰至京沈高铁连接线进入铺轨阶段。公路方面，蒙东18条出区公路通道全部建成，盟市间基本实现与高速和一级公路相连接。民航方面，满洲里、海拉尔机场扩建完成，二连浩特和阿尔山机场建成使用，呼伦贝尔通用航空发展迅速，东部盟市已运营支线机场8个。电力方面，霍通沙500千伏输电通道一期工程如期建成，电网等级实现重大跨越，科尔沁—沙岭等6条500千伏外送电通道建成，锡林郭勒清洁能源基地电源点及外送通道工程建设已初见成效。生态方面，蒙东相继实施了天然林资源保护、京津风沙源治理、退耕还林、退牧还草等一批生态建设重点工程，生态建设取得明显成效。

为推动新一轮东北振兴战略的实施，2017年内蒙古自治区下发了《关于落实新一轮东北振兴战略　推动东部盟市跨越发展的实施意见》，加快推动新一轮内蒙古自治区的东北振兴计划启动落地，推动内蒙古东部盟市实现跨越式新发展。为更好地使确定的重大工程、重点项目、重大决策、重要改革任务与内蒙古东部盟市发展紧密衔接起来，内蒙古自治区还对"十三五"期间内蒙古东部区域发展编制了专项规划，力求把国家新一轮东北振兴的政策支持转化为实实在在的发展成果。

2018年，内蒙古自治区党委书记李纪恒在全区深入实施东北振兴战略推进会上发表了《解放思想，锐意进取，深化改革，破解矛盾，奋力开创蒙东全面振兴跨越发展新局面》的讲话，就内蒙古自治区实施东北振兴战略、推进蒙东跨越式发展的工作进行了全面部署。

一是创新谋划发展思路，深入贯彻习近平总书记"跳出当地""跳出自然条件限制""跳出内蒙古""跳出传统思维定式""跳出条条框框限制""跳出自己一亩三分地"的重要要求，解放思想，转变观念，激发创业热情和改革活力，推动蒙东地区高质量发展。

二是坚定落实蒙东发展战略定位。党中央对东北地区的战略定位非常明确，总体讲就是维护五个安全，具体到蒙东就是建设六大基地、两个屏障、一个桥头堡。六大基地是：国家重要能源基地、新型化工基地、有色金属生产加工基地、绿色农畜产品生产加工基地、战略性新兴产业基地和国内外知名旅游目的地。两个屏障是：祖国北疆安全稳定屏障和我国北方重要安全生态屏障。一个桥头堡是：我国向北开放的重要桥头堡。

三是明确蒙东的产业定位。在巩固蒙东能源、冶金、化工、家畜产品加工等传统产业优势的基础上，重点发展文化旅游、商贸物流等产业，紧盯和发展煤炭清洁能源利用、智能输变电与储能装置、新材料、光伏高端装备制造、生物医药及蒙中医药、现代农牧业产业。

四是拓展对内合作、对外开放的格局。要加快与东北三省产业融合和协同发展；深入推进和京津冀的产业承接与交流合作；加快满洲里、二连浩特的口岸建设，发展对外贸易，深度融入中蒙俄经济走廊建设；融入共建"一带一路"开放大格局。

二、远兴能源助力蒙东地区与东北三省协同发展

内蒙古远兴能源股份有限公司地处内蒙古鄂尔多斯市，1997年在深圳证券交易所主板挂牌上市，股票代码000683，股票简称远兴能源。截至2008年年底，公司总资产236亿元，2018年实现营业收入90亿元，实现净利润13亿元。远兴能源主业是能源化工产业，当前主要有四个业务板块：一个是天然碱化工产业，纯碱产能180万吨，位居全国第三位，小苏打产能110万吨，位居全国第一位；二是煤炭产业，煤炭全域产能700万吨；三是煤化工产业，煤制尿素产能160万吨；四是天然气化工产业，天然气制甲醛产能100万吨。远兴能源是国内唯一一家以天然碱为原料生产纯碱和小苏打的企业。公司拥有国内已探明储量接近百分之百的天然碱能源，以天然碱为原料生产纯碱和小苏打在成本和环保方面具有明显的竞争优势。在前几年纯碱市场相对低迷的时期，远兴能源的纯碱以7%的市场占有率几乎实现全行业70%的利润。

远兴能源未来的发展战略是，坚持以资源为依托，以市场为导向，以科技为支撑，以诚实守信为根本，推动产业立企、科技强企、人才兴企、文化树企战略，立足自身、找准定位、深耕主业、加快转型，逐步把公司打造成国内纯碱行业的龙头企业。公司还将努力打造煤化一体化产业链，强化产业协同效应，提升公司煤化工产业核心竞争力，同时结合自身优势，在国家鼓励和倡导

的新能源领域探索和寻找发展机会。2018年，由远兴能源大股东控股、远兴能源参股的银根矿业公司，在内蒙古阿拉善盟又勘探发现一个大型天然碱矿。远兴能源大股东承诺，未来优先将该资源注入远兴能源，这使远兴能源未来打造国内纯碱行业龙头上市公司、引领纯碱行业变局、以天然碱重塑行业未来成为可能。

2010年8月，为响应党中央振兴东北的战略举措，内蒙古自治区政府做出由鄂尔多斯市对口支援蒙东兴安盟的重大决定，时任内蒙古自治区党委书记的胡春华，积极倡导鄂尔多斯地区企业到兴安盟投资兴业。截至目前，鄂尔多斯企业援建兴安盟项目22项，总投资340亿元，已累计完成投资150亿元，建成项目10项。远兴能源作为第一批响应援兴号召的企业，在兴安盟设立了兴安盟博源化学有限公司，投资40亿元，建设了30万吨合成氨、52万吨多用途尿素项目，该项目已于2018年建成投产，为蒙东地区的发展贡献了一份微薄的力量。该项目主要市场面向东北三省，利用区位优势缓解东北三省地区尿素短缺的局面。另外，公司和东北亚的韩国LG集团有深度的产业合作，在蒙古国也有投资布局，在未来蒙东地区和东北三省协同发展过程中，公司仍愿意参与其中，积极寻找更好的合作伙伴和发展机会。

蒙东地区和东北三省区位相邻、优势互补，随着基础设施的深度互联互通，借力国家振兴东北的政策东风，有各界有识之士的共同参与、联手推动，我们相信一定会催生蒙东地区和东北三省深度融合、共同发展的强大内生动力。美丽的大草原和广袤的黑土地，必将携手缔造出东北地区更加绚丽的风景线，东北振兴战略的目标一定能实现。

如何再次"闯关东"？

王巍
中国并购公会创始会长

一、从历史视野看"闯关东"

"闯关东"是一个老词，为什么当年会有人"闯关东"？其中有很多原因，首先是开放。

1860年以后，清政府设立北洋通商大臣，北方开了三关：烟台、天津、牛庄（营口）。有一个人很重要，就是铁岭出身的赵尔巽。他在东北做过多年的盛京将军，也做过东三省总督。在牛庄开关之后，赵尔巽的第一项改革是在东北陆续开了40多个地方海关，采用了地方政策。当时中国一共有20多个官方的开放城市，而东北几乎所有的地方城市事实上全部开放。因此，当时俄国、日本、英国都进来了，东北的大豆、油染布、酒厂等全面开放，我们熟悉的沈阳古瓷牌香烟是英国人19世纪初在沈阳建立的现代烟厂生产的。赵尔巽的第二项改革是把整个清朝的皇家土地陆续推向市场，通过买卖变成私人财产。东北的土地在19世纪末20世纪初是自由开放的，这就为人口大迁徙创造了条件。赵尔巽的第三项改革是鼓励人们到东北来。因为当时一些地方水灾泛滥，大量灾民跑到东北。这时东北采取了欢迎灾民的政策，鼓励灾民建住房，并发放补贴，如果带来青壮年劳力还给予支持。

东北曾数次在国内领先。沈阳产业金融博物馆里有一张图，仅沈阳市一个城市，在1950—1980年期间就有200多个投资项目涉及全国各地的企业、矿山，输出超过50万技术工人支援全国，由此才有了今天全国各地的显像管厂、制药厂等，全国的机械制造企业几乎都是从沈阳一个城市出来的。然而风水轮流转，东北走过"青春期"，到了现在的"更年期"，状态是不一样的，跟仍然处在"青春期"的深圳、江浙一带城市较量，东北的"心态""体力"都需要调整。这个时候应该用什么标准来对标？其实，全世界都这样，美国的彼得堡、德国的鲁尔工业区等，都处于萧条或成熟低落期。在这种环境下，应该讨论如何在大经济周期下重新定位城市发展和区位发展，而不是一味地用深圳的发展、南方的发展来要求东北，应该客观地、从容地从更大的历史视野看东北，而不是像今天这样急切。

二、东北在竞争格局下面临的问题和挑战

我一直关注全国对于东北的各种讨论，关注东北到底怎么了。现在东北给我的基本感觉应该叫"刻舟求剑"。我们希望做特区、用国家政策、靠改制，这些的确曾经在深圳、海南起了作用，但今天把这套东西用在东北，做特区、搞民营市场、搞体制改革，就都不太管用了。时代不一样了，东北的出路在什么地方？我认为最重要的是听市场的。

（一）互联网革命、全球化、"80后"成为当下主旋律

首先，互联网革命改变了我们的生活方式和行为方式。互联网的力量彻底颠覆一切。其次，全球化发展使特区不再重要。全球化发展到今天，哪产粮食、哪有资源都不再重要，日本没有资源，就在全世界收购资源；迪拜在一片沙漠中做现代化城市，人气非常旺，仍有无限发展空间，要成为中东的硅谷。今天的社会已经完全改变。另外，"80后"成为重要力量。"80后""90后"是随着计算机互联网成长的，是自我选择的一代。他们的规则发挥了完全不同的作用，所以才产

生了互联网、大数据、人工智能、云计算、金融科技等。

归根结底，东北的未来要靠"80后""90后"这代人，他们决定了东北的未来，我们只是帮他们减少创业成本，帮他们鸣锣开道、摇旗呐喊。我们已经完成了时代的任务，改革进行了几十年，推动中国从封闭落后走向开放。现在重要的是如何给年轻人机会，让他们决定未来东北应该怎么生存。

（二）要引进创业者、并购者、消费者、好事者

要欢迎创业者、并购者、消费者来东北。消费就是生产力，传统的经济学认为消费是一种奢侈，是不产生经济效益的，而现在消费决定一切。今天人类社会不像100年前那样有50%以上的产业在做制造，现在生产得更多的是服务。快递这个行业在10年前是没有的，现在有1 500万人就业；做美甲、搞Party、办论坛，这些服务产业不比制造钢铁、制造汽车差。时代已经变了，"80后""90后"关心的是社交，社交就是消费。政府政策基本上都是吸引投资者，其实吸引消费者可能更有效果。另外，也要吸引好事者，有些人可能既不生产也不消费，他就是来出主意的、来掺和的，各种各样的人都进来，一个好的社会需要一批"坏孩子"才能出现好的生态。平衡特别重要，一定要给创业者空间。有句话叫"魔高一尺，道高一丈"，"魔"是创业，是破坏秩序的，"道"是压制"魔"的，是维护规则的。"魔高一尺，道高一丈"，这个社会没有发展，因为"小荷才露尖尖角"，便有"蛤蟆"坐上边，很难看。一定要"魔高一尺，道高八寸五"，给"魔"点机会，让"魔"发展，这才是正常的社会、博弈的社会。

（三）再现"西部拓荒"和"淘金热"

20年前，我就想能不能在东北推动"西部拓荒"和"淘金热"。首先要承认东北是"荒地"，现在大家不太愿意承认，但什么都发展得很好，还需要全国人民关怀吗？东北要放下身段，请全国人民来"拓荒"。"淘金热"是怎么形成的？"淘金热"的概念是让来的第一批人赚到钱，所以要充分宽容，允许第一批到东北创业的人，包括在本地发展的人赚钱，不赚钱这个激励就不存在，这个市场就

不存在。东北的问题较多，重要的是缺乏格局、视野和激情。给不给创业者空间，让不让年轻人来，这是核心。所以我特别希望能给中国的创业者、消费者和"调皮捣蛋者"一个信号——到东北来试水，像当年一样"闯关东"，东北就大有希望。

第三篇

东北振兴与东北经济韧性

辽宁发展两个重大的战略性工程

周天勇
东北财经大学东北亚经济研究院副院长，中央党校（国家行政学院）国际战略研究院原副院长

东北振兴不能封闭地谈东北，而要从全国经济布局去考虑，找到新的经济增长点。在一些土地利用率低的国家，土地对经济增长的潜能可能被忽视了。中国的土地资产增长和投入产出，对于推动经济增长还有很大的潜力。调水改造中国北部干旱地带土地、贯通烟大海底隧道，可重塑横向北部新经济带和纵向东北——沿海地区整体经济带，形成以辽南、辽西为枢纽的"丁字形"地区经济布局。

一、调水改土经济增长潜能与渤水西调龙头工程

中国与世界上一些主要国家2017年的土地面积、人口密度、农业劳均耕地等指标的对比见表3-1（不同统计口径下数据有差异）：中国人口13.9亿人，国土面积960万平方千米，每平方千米约144.8人，农业劳均耕地9亩；美国人口3.22亿人，国土面积963万平方千米，每平方千米约33.4人，农业劳均耕地1 070亩；日本人口1.27亿人，国土面积37.8万平方千米，每平方千米约336人，但农业劳均耕地30亩；印度人口13.0亿人，国土面积320万平方千米，每平方千米约406.3人，农业劳均耕地12亩；英国每平方千米约265.3人，农业劳均耕地154亩；韩国农业劳均耕地21亩。中国劳均耕地虽然有9亩多，但如果全国统算，除去国有农场、东北等耕地资源比较集中、比较多的地方，劳均耕地也就5亩左

右，如果仅看南方地区，劳均耕地也就2~3亩。

表3-1   中国与部分国家人口与耕地资源对比表

国家	中国	美国	日本	印度	英国	德国	法国	俄罗斯	韩国
人口规模 （亿）	13.9	3.22	1.27	13.0	0.65	0.80	0.67	1.46	0.50
国土面积 （万平方千米）	960	963	37.8	320	24.5	35.7	54.7	1 712	9.8
人口密度 （人／平方千米）	144.8	33.4	336.0	406.3	265.3	224.1	122.5	8.5	510.2
农业劳均耕地 （亩）	9	1 070	30	12	154	190	425	—	21

通过对比可以看出，中国每平方千米的人口密度并不是很大，但农业劳均耕地面积却相对较小。经常听有些专家说小农户和大市场对接，是中国的一大特色和优势。在全球经济开放体制下，这种规模太小的农业模式必然是穷途末路。一家只种三五亩地，和国际市场接轨，补贴补不起，而不补贴必定破产。

中国华北和西北的农业用水、生活用水和工业用水长期缺乏，虽然近几年用水需求因气候变暖有所缓解，但是总体上仍然面临干旱。中国有40多亿亩未用土地，大部分分布在华北、西北及东北西部，把雪山、高山峻岭全部去掉以后，其中至少30亿亩土地是可改造、可利用的。

我国曾经建设过调水工程，主要是应对华北城市缺水和工业缺水，实际上是为调水而调水。我认为调水和改土要结合起来，增加耕地、林地和建设用地，调水的经济、生态和社会效益就会复合式增加。

现在有一些学者视调水为洪水猛兽，极力反对调水，理由是大规模调水开发会破坏生态，南水北调成本过高、经济效益不好，并提出不要以调水来开源，应当以节流为主，即实施节水战略。

水的供给越是充足，用水的成本越会下降。水的供给越是紧张，用水的成本越会提高。节约用水，其技术和方式的投入是有成本的，节约的程度越高，其节水的边际投入成本就越大，看上去好像水是节约了，但是水的成本很高，水价很昂贵。短缺往往使行政提倡节约，这是实施计划经济的一个理由，而计划经济节约用水，又会导致更加严重的水短缺。这是无数社会和政策试验得出的规律。

没有水根本就谈不上生态，发展的空间也就狭小。调水要与建电站区别开来，南水北调成本高有它的体制问题。国际上很多国家的调水量都比中国多，美国调了300亿立方米水，其中洛杉矶、旧金山等西部一带城市调了200亿立方米水，这一地区的农业、城市、工业就是靠这200亿立方米水发展起来的，没有调水，就没有美国西部的兴起；印度调水1 386亿立方米，有23亿亩耕地，其中水浇地比例较大，相当于每个人调了100立方米水；加拿大调水1 900多亿立方米。中国有近14亿人口，把都江堰等都算上，总共才调水337亿立方米，人均调水24立方米。其实，我们虽然是国土和人口大国，但在调水和耕地方面相对是弱国。我们应当第二次拓土，把国土改造成可利用的耕地、林地、宅地和其他建设用地。

我国土地的人口密度并不大，还有很多未利用土地。北部地区存在大量的干旱土地，这些地方只要有水就可以种植庄稼，就可以培育林木，就可以改造成工业用地、城市用地、生活用地。

关于中国的调水，规模较大的方案有红旗河西调和渤水西调两个，还有水利部的南水北调小西线工程。尽管调水工程需要考虑地质、距离、水量、成本、是否自流等诸因素，但我的看法是，调水一定要与改土结合起来。多水源并举、外水内调、近水近调，多种来源、多种方式、多种路线、多种技术组合，考虑综合成本和风险高低，取低调水成本、地质等风险小的方案。改造沙漠和盐碱地要结合有关技术。改土和可利用土地分配应与土地制度改革和市场机制相结合。引入社会力量，以企业为开发主体，将调水改土政府公共支出、长期开发贷款与市场化运作相结合。在用水结构上，自流水用于农业灌溉（当然，要普及节水高效农业），调水用于城市生活和工商业，循环中的水用于林业生态及地下水回灌。建立水资源的分配和水权交易机制。

南水北调西线工程还没动工，如果完工投入使用，大约能调170亿立方米水。渤水西调的初步规划是将渤海水一直向西调到南疆地区，我认为距离太远，成本可能太高，调到东北西部和华北可能在距离上最优。我还赞成渤海水淡化后向西调到北京、天津、辽宁、河北、蒙东、蒙中、山西、陕北的这一方案。

渤水西调已被列入工程院的重大研究项目。我在2018年进行研究时，提出渤水西调与其他调水相结合，与改土相结合，形成中国北部新经济带的建议。通过管道运输，淡化水可以用作工业、城市、商业用水，把腾出来的水用于农业。取330亿立方米水，基本上可以缓解华北及内蒙古东部、中部这一带的干旱情况。从全国来讲，主要是北部新经济带半干旱未利用土地，包括一部分干旱草原可以改造出来，多的话可能改造出10亿亩农业用地，包括8亿亩耕地，1亿~2亿亩林地、园地，再有6 000万~7 000万亩的建设用地，这样就可以确保耕地的面积，也可以增加建设用地指标。

对于辽宁来说，这一战略如果真正实行，是个非常大的机遇。第一，300多亿立方米的水有偿使用，是一笔不小的收入；第二，取水连带的核电、热电和淡化联运，以及余热淡化水，可以形成产业链；第三，增加综合产能，如制氢、化工、盐化工等的产能。另外，对海水淡化的装备、管道等的需求，可以带动辽宁装备制造业的发展。

对于国家而言，渤水西调工程的战略性意义在于能够促进经济的实际增长。最早的索洛经济增长模型是包含土地的，它假定土地是固定的，而且在土地上投入化肥、投入资本的边际成本是递减的。但是如果进行拓土，比如每年增加一定面积的土地，增加10年，在索洛模型中就应该加入土地投入要素，而且可以推动经济增长。这种实实在在的土地要素投入的增加，是实有资产，会有实有产出，是靠谱的经济增长。

我认为辽宁应当积极研究这个项目，包括项目应当建在什么地方，以及装备、制造、淡化和电的联运条件如何。取水口设在各处都可以，只是要看是不是最优的。河北有取水口，天津也有取水口。应当把取水口放在哪，辽宁应当有竞争准备。

辽宁渤海湾水污染程度低，离蒙东、蒙中干旱地区距离近，特别是经辽东、蒙东，渤海海水淡化向西调水，能够绕开人口密集和建设成本高的地方，而且辽宁工业基础条件较好，发电、装备、化工、制氢等产业可实现联动。

海水淡化、综合化工、输水管道——各类装备可形成一个产业体系，持久地将海水转化为资源和产品，辽宁相当于卖海水，而且衍生的产业是一个体系，这是比较大的机遇。

二、东北—沿海贯通经济带与烟大海底隧道

从全国的经济运输和流通看，货物到大连、烟台这两个地方卸下来，再装船、运输、仓储，然后运到山东、河北及东北其他地区，成本非常高。而且，两地的人员流动，公路、铁路、高速和高铁都形成了断点，绕辽西走廊经过天津，甚至北京，时间增加，距离绕远，流通成本提高。如果拓展东北与辽西、京津陆路通道，人口密度大，拆迁费用太大，建设成本很高。

因此，烟大海底交通隧道是第二个大的工程。我认为，烟大隧道对整个东北、华北东部的长三角地区，甚至对"一带一路"周边经济联通，有非常大的意义。把这个隧道打通，是真正振兴东北的非常重要的战略性工程。

烟大海底交通隧道可以开通东北到东部的第二通道，它是直的，解决了东北到关内的"卡脖子"问题。隧道建设期的投资、材料、装备制造、施工等可以拉动辽鲁两地的各类需求。隧道可以节约东北三省与中国东部经济区

的运输时间和成本，改善东北、华北和长三角地区的产业分工协作和市场，重塑经济布局。

辽宁处在调水形成的横向北部经济带与烟大隧道东北至沿海纵向经济带的节点上，其战略重要性不言而喻。

面对经济下行需要有重大的基建项目支撑，投资应当选择形成升值的资产，特别是土地。改造土地会形成资产，是突破国民经济重大瓶颈和做强中国的重大项目。我国当前有这样的储蓄和积累能力选择这个项目，技术装备、施工能力也已经达到建设重大项目的要求，而且有一些施工市场需求不足，产能过剩，需要加以利用。该项目应当由政府主导，监督预算，降低成本，提高效率，保证质量。

因此，辽宁应重视专家们的关注点和建议，积极参与工程院、水利部的规划。地方政府主张要联动，甚至应该由地方政府联手专家拿方案，积极与工程院沟通，促进专家们做一个渤水西调龙头基地工程，或是烟大海底隧道的进一步方案。"十四五"规划向哪投？我认为舆论影响很重要，辽宁的方案应避免一般性工程项目课题的弊病，聚焦于东北产业发展、区域联动、对外开放和经济增长的潜能。要振兴东北，体制改革、解放思想都非常重要，但这两个工程，不仅对全国重要，对东北重要，对于辽宁更是有切身的重大战略意义。

文化，振兴东北的战略核心

何大新
西南财经大学流通经济学博士生导师、教授，四川省广播电影电视局原党组书记、局长

东北问题的本质不是经济滑坡，而是整体缺少自信、缺乏活力，对外缺少吸引力。

自信、活力和吸引力是什么？是文化。东北经济现象的本质是文化现象。

一、东北问题的本质是文化

一切经济活动都是文化的延伸。

十几年前，在纽约召开的"经济发展和文化转型"国际学术研讨会上，各国学者达成了一系列共识，其中就有："一个社会不管发达还是不发达，表面上看起来是经济形态，实际上都是文化形态"；"经济活动的起点和终点，都是文化"；"经济发展在本质上是一个文化过程。"

当今世界的所有较量，出发点是文化，落脚点还是文化。东北在现实中许多事情做得不到位，归根到底是缺乏相应的文化支撑。

1988年，我提出了"马蹄形现象"概念。东北的西部是小兴安岭、北部是大兴安岭、东部是长白山，这三个山脉的形状酷似一个巨大的马蹄，中间是富饶的松辽平原。在过去70年里，这里迸发过辉煌，也产生了失落。东北人在历史上安于现状，缺乏商业经验、创业精神、创新意识，现在又残留计划经济意识，

缺乏市场观念，这些已成为阻碍东北发展的重要因素。

东北在"一五"至"三五"期间，作为全国重工业基地为全国的建设发展起到了顶梁柱作用，被誉为"共和国长子"。当时，"共和国长子"一词泛指国企，后来扩大到老工业基地。时至今日，我认为应予补正，谁为国家贡献大，谁就是"共和国长子"。"共和国长子"本身就是个文化概念。

以华为为例，华为不仅登上科技发展的一个高峰，成为向国家纳税的大户，还做了一件非常普通又非常伟大的事情——诠释了中华文化的内涵，告诉全世界，中华文化是理性的、向上的、淡定的、包容的。华为让全世界感受到了中国企业的底蕴，这个底蕴的最深处是文化。

东北处境不妙，我认为与下面四个因素有关：一是历史选择变化；二是文化与观念落后；三是地缘政治因素；四是计划经济后遗症。

中华人民共和国成立已有70年，前30年国家发展选择的是"工业化"，所以才有了东北的振兴；改革开放后，国家发展选择的是"市场化"，天平倾向了东南，东北的优势发挥受到影响，劣势则显露出来。

从经济角度看，目前东北的哪些方面是短板？答案是：地区生产总值、工商农及文化科技产业的产出总量；财政收入、税收；科技含量高的巨型企业；繁荣的大市场；类似九寨沟、张家界这样的顶级旅游品牌。

再从文化角度看，东北缺什么？答案是：精、气、神；市场经济观念（守旧、保守）；宽松的营商环境（对外地人、外国人缺少亲和力和吸引力）。

经济元素不同程度地影响文化元素，而文化元素则直接、更大范围地影响经济元素。

在东北企业中，能与大数据时代的顶尖企业，如华为、腾讯、阿里巴巴比肩者寥寥无几。

深圳、上海、杭州、北京这些年创造了发展奇迹，原因有几个，其中之一就是人才集聚。说到东北人的人才流失有点令人寒心。走出去的东北人，特别是在支援三线建设期间和改革开放以后走出去的东北人基本上都是知识分子、管理干部、技术骨干和大学毕业生。现在，东北年轻的大学生在外地读书毕业后不愿回东北，在家乡读书的毕业后要去京、沪、深、杭。这样反复几次，东北的精血——人才——的质量结构就陷入了困境，人才流失的直接结果是社会文化质量下降。

东北的城市管理、政府管理、企业管理如今明显滞后。管理本身是一种价值观的展示，是一种信仰的展示，综合而言是一种文化的展示。因为价值观和信仰都是文化的最高内涵和最高表现形式。

二、文化是从"土"里长出来的

对于"文化"二字要给出准确定义是很难的。现在东方和西方学者有一个共同的理解，即"文化是人类涉及政治、经济等方面的所有精神生活及其产品"。

说精神产品是文化，人们普遍理解。但有人会提出疑问：物质产品怎么会是文化呢？黄土不是文化，但加水和成泥，烧成了盆儿，就是文化。因为那盆型、制作方法和图案，都体现生产者和其生存区域的文化特征。

文化土壤，简单说就是培养出不同文化的那个地方的具有当地特色的气候、地形、山水、语言、生存环境、饮食、习俗乃至人的性格、制度、哲学、信仰等，它们共同构成了培育文化的土壤。

每一个人、每一个群体都生活在一个特定的区域内，地域、地理、地缘的特性会为生活在这里的人们烙上深深的印痕。子曰：仁者乐山，智者乐水。反过来讲，就是：水生智者，山生仁者。

东北人的性格特征反映了东北的环境特征。当然，环境因素对人的影响不是绝对的，不然我们就会陷入"地理决定论"的陷阱。

文化和经济是最早的伴生物。人类的第一次文化高潮是在从采集狩猎进化到种植养殖之后出现的。有了集体生产，人类便开始产生交流，语言诞生了。

与此同时，集体生产产生了分配关系，有了"你的、我的"之分，经济就伴随着文化诞生了。

三、振兴东北首先要振兴文化

造成东北目前状况的一个重要原因是文化因素。要真正认识这一点其实很难。东北人一旦有了这种共识，解决问题的办法就有了。

仅仅靠提高生产力并不能振兴东北，东北的科学发展必须有文化支撑，这是东北的软实力。东北过去的辉煌展示的都是硬实力，今后只有硬实力没有软实力是不行的。

东北当下亟须改良、更新文化土壤，使其能具备足够的养分，长出理性、科学、适应新时代需要的现代意识，这是时代命题，也是历史任务。否则，东北的路将越走越窄。

（一）创建新一轮改革开放的文化天地

恩格斯说，生产方式的转变决定生存方式的转变。

东北人要研究东北在大数据时代能干些什么，东北在"一带一路"倡议下能干些什么。

东北应改变"轻的过轻，重的过重"的经济结构，总体上应当由产业化升级到商品化，再升级到品牌化。实际上，东北目前是有的"重"还不够重。"一带一路"使我们的"重"有了新的市场，特别是水轮机、铁路车辆、大船、机械等产业。制造业目前是中国的优势，也是东北的优势，发挥好这个优势，东北振兴有望。

"共和国长子"对于当下的东北又有了新的现实意义：

第一是担当。2019年3月下旬，胡壹刀发表了文章《东北的价值绝非GDP可以衡量》。文中有这样一段话："位于沈阳的中航沈飞公司市值约为500亿元人民币，成立不足三年的国内某知名网购公司市值是2 000亿元人民币。你能说这个网购公司比'沈飞'重要吗？这个网购公司倒掉，中国经济不会受任何影响。一旦'一重'停产，少了大型锻压设备，国内众多钢铁厂就得停产，核电站也无法建设。进口？贵不说，关键是，谁卖你？假如那个网购公司倒闭，最多是投资者损失，'沈飞'若不存在，没有舰载机的航母就是一堆废钢。"这就是东北经济的现状，企业自身可能不赚钱，但国家离不开。以钱衡量，东北经济比许多发达省份穷，以价值论，东北乃国之重器。

第二是贡献大。这个贡献已不是过去的地区生产总值和财政上缴比例高，而是东北作为重要工业基地、国防重地、能源基地、共和国第一粮仓等继续为国家担纲。

第三是忍辱负重，顶天立地向前行。以往东北人好强乃好一人之强，今后应好东北之强。对于东北的振兴——争取投资、争取项目、争取政策，调整经济结构，发展高新产业，起决定性作用的是整体东北人的内动力。东北人必须展示出全新文化的"精、气、神"。东北拥有丰富的资源、肥沃的土地和优秀人才，若展示出新的文化面貌，则前程无限。

（二）实施大教育，提升现代文化理念

"振兴东北"是一个艰巨的系统工程，最难的还是东北民众的心理建设。

我认为，现代人的最大特点，第一是理性，第二是保护环境。一个国家的质量，一个民族的质量，一个人的质量，其实是思考的质量。理性是衡量思考质量的第一标准。

对于东北人来讲，保持一种理性、文明、向上的文化状态，比经济回升更重要。

（三）优化社会风气

民众有什么样的文化素质，国家和民族才会有什么样的素质，政府才有什么样的素质。

一个地方的制度、体制及文化，把什么人抬举到最显赫之处，对整个社会的影响非常大。让才子显赫，让功将显赫，让能政者显赫，让知识分子显赫，让工匠显赫，都会随之产生相应的社会面貌和风气。这里面体现了整个社会的思考，体现了这个国家的文化质量。

最值得东北人骄傲的不是20世纪30年代经济发展在全国名列前茅，也不是新中国成立后计划经济时期的辉煌，而是现在东北人的志气、平和的心态、做事的认真精神和改变现状的聪明才智。

（四）建设生态家园

人类最大的文化就是保护地球。

东北三省的名字都与生态连在一起。黑龙江，即黑龙江流域；吉林，即吉祥的森林；辽宁有两解，一是辽地要安宁，一是辽河要安宁。

生态优先的重要意义在于当发展与保护发生矛盾时，要毫不犹豫地选择保护。我们发展慢了，以后还有机会赶上；我们错过了这班车，后边还会有班车来；我们懈怠，做了错事，以后还有改正的机会。而一旦把生态破坏了，就万劫不复了。在新一轮振兴东北的战略中，保护生态环境是重要命题。

（五）激发"坚守、担当、奋斗"的东北精神

人类历史经历过无数灾难和战争，也出现过无数坏人和只图利己者，为什么能发展到今天这种进步程度，就是因为在每个历史时期，都有一大批有责任感的人。

振兴东北，在着眼发展前景时要有"舍我其谁"的战略眼光，在遭遇挫折时要有"天生我材必有用"的战略韧性，同时也要有重塑辉煌的奋斗雄心。

产业发展与园区建设

肖金成
中国区域科学协会理事长，国家发展改
革委国土开发与地区经济研究所原所长

东北的发展问题归根结底是产业问题，具体而言就是产业衰落了。产业会带来就业，为什么东北人才外流？为什么东北人要往外走？就是因为在当地没有很好的就业岗位，没有很高的收入。过去，东北人多是由山东、河北迁移而来。为什么要到东北？是因为东北有产业、有收入。现在产业不行了，当然要走。没有产业就没有就业，没有产业就没有税收、没有财政收入。没有就业，居民就没有收入。没有财政，政府就无法运行。没有消费，服务业就无法发展，这是环环相扣的，也是非常浅显的道理。因此，东北要进行产业重建，产业不重建、不振兴，花钱的时候找国家要，就业的问题还是无法解决。

东北各级政府都很重视发展产业，辽宁省曾经提出要搞六大产业体系。我认为关键问题不是讨论发展什么产业、不发展什么产业。东北有将近1亿人口，近百万平方千米土地，实际上什么产业都可以发展，关键是有没有人来投资，有没有人来发展产业。投资者之所以不来，人才之所以流失，是因为营商环境问题。改善营商环境当然也有很多途径、很多招数，但营商环境改善谈何容易，不是振臂一呼营商环境就改善了。

改革开放已经40多年，我国发生的最大的变化是计划经济体制转变为市场经济体制。在计划经济时期，我们是把全国的税收集中到中央，然后由中央配置资源，资金到了项目就要开建，产业是政府发展起来的，所以那个时候需要讨论在哪发展、发展什么产业、建什么产业体系，那是有用的，但是现在这种做法不管用了。现在的产业发展瞬息万变，政府计划赶不上市场的变化。因此，现在政府不再投资办企业，是企业在发展产业。现在给政府出招发展什么、不发展什么，已经没有用了，关键是企业愿不愿意在东北投资兴业，投资者对这个地方是否感兴趣。

企业有民营企业、国有企业，也有大量的股份制企业。股份制企业在哪里投资也是投资者说了算。马克思的《资本论》告诉我们，资本家是资本的人格化，资本的偏好就是追逐利润，如果有300%的利润，资本家可以冒上绞刑架的风险。有很多风险很大的项目，照样有人做，就是因为利润高。投资者去哪里投资，不到哪里投资，遵循的最基本的一点是利润率。作为投资者、企业家，如果没有赚钱的项目是不会来的，这也是企业生存之道。资本是追逐利润的，获得高利润率有两个途径，第一个途径是技术创新，第二个途径是降低成本。

创新很难，但是降低成本比较容易。现在全国很多地方政府都在为投资者降低成本，降低成本就可以增加利润。怎么去降低成本？关键在于园区建设。

建设园区就是为投资者降低成本。政府在发展产业上要有所作为，没有别的办法，就是要改善投资环境，改善营商环境，但如果不能从全域着眼，改善整个东北的投资环境是很困难的。一定要在较小的范围内，比如说10平方千米、100平方千米，最多不能超过1 000平方千米的范围内入手。20世纪90年代1平方千米大概需要投入1亿元，现在1平方千米要投入多少？那个时候是"五通一平"，现在是"九通一平"，需要投入多少钱？不投入这么多钱，就没有企业愿意来。

贵州的毕节、云南的昭通，为了招商引资把标准厂房建起来，企业买了设备，安装起来就能生产，三个月就能把产品生产出来，政府为企业服务得很到位。东北有很多不利条件，但是与贵州、云南相比，基础要好很多。

因此，东北改善营商环境、改善投资环境，要从园区开始。有10亿元就搞3平方千米，有100亿元就搞30平方千米，然后在这30平方千米上面做文章，我觉得会有不错的效果。如果不搞基础设施建设，仅仅挂一块新区、开发区的牌子，搞一个管委会，是没有什么用的。

改革开放之初，广州、福建、浙江没有什么国有企业，没有什么像样的产业，但是经过40多年，现在发展最快的就是广东、浙江和福建。东北尽管产业衰落了，但是产业基础要优于那时候的广州、浙江、福建，现在的观念要优于那个时候的观念，现在的人才要优于那个时候的人才，现在的资本市场要优于那个时候的资本市场。因此，资本短缺不是问题，没有项目不是问题，没有产业不是问题，问题是从哪做起，怎样能给企业降低成本、增加收益，让企业来了能够赚钱，而不是赔钱。

东北发展振兴问题的再思考
——以辽宁为例

崔岩
辽宁大学日本研究所教授、博士生导师

一、十年东北振兴战略的历史经验

（一）振兴东北老工业基地战略的提出

20世纪90年代，东北地区是我国经济相对发达的地区，同时也是我国最重要的工业基地，但相比经济发展更快的地区，东北地区的经济发展还是慢了些。地区生产总值和工业增加值由改革开放初期的近15%和20%下降到现在的10%以下。2003年10月，《中共中央 国务院关于实施东北地区等老工业基地振兴战略的若干意见》发布，明确了实施振兴战略的指导思想、方针任务和政策措施。

随着振兴战略的有效实施，东北地区加快了发展步伐。

（二）十年东北振兴的成就与问题

以辽宁为例，2003年东北振兴战略实施以来，其取得了非常显著的发展成绩。

2003—2012年，辽宁地区生产总值翻了两番多，年均增长12.8%，高于同期全国平均增速（10.7%）2个百分点。人民生活水平明显提高，2012年，辽宁城镇居民人均可支配收入、农民人均纯收入均是2003年的3.2倍。棚户区改造等各项工作成果令人瞩目。

所有制结构调整步伐加快，民营经济比重逐年提高。2002年年底辽宁国有经济占比64.5%，2013年民营经济比重提高到67%。辽宁产业结构不断优化，传统优势产业壮大。装备制造业增加值在工业增加值中所占比重超过30%，成为工业领域的重要支柱产业。农产品加工业迅猛发展，成为新的重要支柱产业。

辽宁沿海经济带、沈阳经济区建设上升为国家战略。沈阳、大连获批国家自主创新示范区，辽宁获批国家自贸试验区。资源枯竭型城市转型、生态建设都取得重大成效。辽宁先行先试了增值税转型、农业税减免、养老保险并轨、资源枯竭型城市转型、棚户区改造、采煤沉陷区治理、城镇社保改革等一系列国家重大政策举措，积累经验后推向全国，在全国发挥了重要试点示范作用，产生了全局性重大影响。

但是，东北经济同时也存在以下几方面的问题：第一，经济结构失衡问题愈加严重，偏重工业的经济结构得到强化；第二，经济体制改革滞后，政府主导、国企主导的格局没有显著变化；第三，发展观念陈旧，民间自主发展机制欠缺。

二、新时期的东北振兴战略

2013年辽宁地区生产总值增速为8.7%，2014年为5.8%，位列全国倒数第三；2015年为3%，为全国倒数第一；2016年更是下降为-2.5%，是全国唯一负增长的省份。不仅地区生产总值，辽宁规模以上工业增加值、固定资本投资、利用外资、外贸进出口、财政预算收入等主要经济指标的增速都为全国倒数第一。例如，辽宁规模以上工业增加值下降15.2%，固定资产投资下降63.5%，进出口总额下降9.9%，外商直接投资下降42.2%，2016年是辽宁发展史上最低落的一年。

《中共中央国务院关于全面振兴东北地区等老工业基地的若干意见》（以下简称《若干意见》）于2016年4月26日发布，在"十三五"开局之际吹响了新一轮东北振兴战略的号角。全面振兴决心不能动摇，工作不能松劲。以习近平同志为核心的党中央审时度势，通盘考虑，从战略高度开启了新一轮东北振兴的大业。全面振兴东北老工业基地，不是一时一隅之策，而是牵一发动全身的全局战略，目标是为中国经济增长锻造新的发动机。

《若干意见》强调，全面振兴东北老工业基地，"要牢固树立并切实贯彻创新、协调、绿色、开放、共享的发展理念"，为东北谋划了未来15年"两步走"的发展蓝图，对东北设定了"一带五基地"的发展目标：一是到2020年，东北地区在重要领域和关键环节改革上取得重大成果，转变经济发展方式和结构性改革取得重大进展，经济保持中高速增长，与全国同步实现全面建成小康社会目标；二是在此基础上，争取再用10年左右时间，东北地区实现全面振兴，走进全国现代化建设前列，成为全国重要的经济支撑带，具有国际竞争力的先进装备制造业基地和重大技术装备战略基地、国家新型原材料基地、现代农业生产基地和重要技术创新与研发基地。

习近平总书记在2019年全国两会期间对新一轮东北振兴提出了明确要求：着力完善体制机制，这是治本之策；着力推进结构调整，这是关键之举；着力鼓励创新创业，这是决胜之要；着力保障和改善民生，这是发展之基。

三、辽宁经济面临的机遇与挑战

（一）初现曙光：触底反弹、步入稳定增长的辽宁经济

从2017年起，辽宁经济开始回升，当年实现了筑底企稳。2017年辽宁地区生

产总值增长 4.2%，扭转了 2011 年以来经济增速单向回落的局面；2018 年实现了稳中向好，地区生产总值一季度增长 5.1%，上半年增长 5.6%，全年增长 5.7%；2019 年以来，全省经济保持良好发展势头，一季度地区生产总值同比增长 6.1%，实现了自 2014 年第四季度以来首次超过 6% 的转变。这是连续 17 个季度以来辽宁地区生产总值增长首次重返 6% 以上。其中，规模以上工业增加值增长 9%，一般公共预算收入增长 8%，城镇和农村居民人均可支配收入分别增长 7.5% 和 6.1%。

辽宁主要先行指标运行态势向好。工业用电量、货运量持续增长，工业生产者出厂价格（PPI）保持上涨，新兴产业发展和运行状况好于传统产业，一批具有较高技术含量的产品（光缆、工业机器人、城市轨道车辆）产量增长较快，高端装备制造业发展快，新要素、新技术、新模式促进新产品、新业态、新产业加快发展，高新技术产品出口增速提升，经济新动能孕育取得进展。2019 年一季度，辽宁高新技术企业主营业务收入增长 13.8%，高技术产业增加值增长 28.9%，工业机器人、新能源汽车、集成电路等高新技术产值增长 58.1%。2019 年前 5 个月，全省规模以上高技术制造业增加值同比增长 30.5%，高于规模以上工业增速 23.8 个百分点。高新产品增势较好，服务器、新能源汽车、工业机器人产量同比分别增长 98.4%、96.9% 和 17.5%，高新技术产品出口额增长 40.1%。

（二）短期发展面临的不稳定因素

具体来看，辽宁短期发展主要有两方面的不稳定因素，一是国内经济走向的影响，二是国际经济环境特别是中美贸易摩擦带来的影响。

（三）长期发展面临的主要问题与对策

一是体制改革问题，重点要进行政府管理体制与社会经济体制的改革；二是经济结构调整问题，重点要调整产业组织结构与生产结构；三是区域经济均衡发展问题，重点是协调中心城市发展与地方城市发展、县域经济之间的关系；四是要扩大对外开放，充分利用辽宁自贸试验区的先行先试政策优势，深度参与服务"一带一路"建设，构建开放新格局。

第四篇

"一带一路"与东北亚区域合作

韩国"2030制造业长期发展规划"与中韩经济合作

李镇勉（韩国）
韩国产业研究院（韩国政府最高端学术智囊研究机构）经济统计分析本部长、首席研究员，经济学博士

2017年5月，文在寅政府组建以后提出了韩国制造业创新发展的三大规划。

首先，2017年7月为规划韩国经济发展基本方向而制定的"新政府经济政策"旨在推动经济发展模式的转换。这一规划以人本经济为发展目标，以就业增长、收入增长、创新增长和公平经济为四大经济发展方向，力争实现收入分配与经济增长的平衡与优化，以解决韩国经济增长的低迷和两极分化的问题。

其次，2018年12月发布的"制造业活力恢复与创新战略中期发展规划"旨在解决韩国制造业发展的现实困境，包括地方产业生态的活力恢复、制造业创新的战略转换和企业家道德精神的复原三大核心战略，以及11部分的详细内容，目前此规划正在大力推进中。

当前，韩国制造业出口在整个出口贸易中占据举足轻重的地位，制造业出口占韩国整体贸易出口的比重达到40%，但是目前韩国经济增长速度出现了大幅下降的趋势，预计2019年的经济增长率只有3.5%左右。面临这样严峻的经济形势，2019年6月韩国政府发布了"2030制造业长期发展规划"，此规划又叫作"制造业复兴蓝图与战略"。这是文在寅政府在韩国经济发展的基本政策方向上制定的最新的制造业创新发展规划，是对制造业活力恢复与创新战略中期发展规划

的延伸与深化。

韩国"2030制造业长期发展规划"主要包括如下核心内容：一是加速制造业产业结构升级；二是新产业引导与主导产业创新发展；三是打造以挑战和创新为主的产业生态链；四是以投资和创新为后援的政府支持。

如果韩国"2030制造业长期发展规划"得以顺利实施，那么韩国制造业的劳动生产率将由2018年的20%上升到2030年的40%，工业增长速度将由2.8%提高到3.8%。同时，制造业的附加值将大幅提升55%。

我认为，中韩双方应积极构建韩国"2030制造业长期发展规划"与"中国制造2025"之间的合作渠道，积极寻求双方在第四次科技革命浪潮中的技术合作、信息共享，谋求合作共赢，并以此契机深化中韩自由贸易协定（中韩FTA）的合作机制，以地方产业园等形式深化两国在地方的产业合作关系，依托地方的比较优势，助力中韩制造业的产业合作。例如，仁川和威海的产业园合作运行得非常顺利，为深入合作起到了非常好的示范作用。

新时代东北亚合作与蒙古国政治经济面临的问题

巴图呼亚嘎（蒙古国）
蒙古国财经大学副校长、教授、经济学博士

当今世界区域经济合作日益重要，最近的国际贸易冲突给各国经济带来了挑战，但对于东北亚区域经济合作来说，这也是一个巨大的机会。蒙古国经济体量比较小，经济结构也有自己的独特性，对蒙古国来说，东北亚区域经济一体化具有重要意义。

近年来，蒙古国一直关注国家经济、政治、法律等方面的改革，同时也在努力提高对外贸易合作的水平。特别是中国的"一带一路"倡议，正引起蒙古国的关注，因为我们预计这将为蒙古国的社会经济发展做出重大贡献。

蒙古国当前在经济发展上面临着一些挑战，主要有以下四点：

第一，蒙古国经济依赖采矿业，煤炭、铜和黄金的国际市场价格直接影响蒙古国经济。在世界矿产产品价格处于高位的时期，蒙古国的经济增长率达到12%，而2018年蒙古国的经济增长率是6.8%。

第二，基础设施的落后限制了经济发展，铁路、高速公路和边境港口的缺乏限制了蒙古国向区域伙伴出口自然资源。

第三，在人口密度小、土地面积大的地区，矿业基础设施投资规模巨大，外国直接投资和国际贷款机构在蒙古国发挥着重要作用，但由于蒙古国的储蓄率和财政收入都很低，大量外国贷款会给国家造成债务负担。

第四，蒙古国缺乏长期可持续的经济发展政策。在过去30年中，蒙古国政府平均支出周期为1.8年，目前蒙古国大呼拉尔（国家议会）正在对宪法进行修改，努力实现社会治理的稳定。

在蒙古国与东北亚的合作中，蒙古国不是买方，而是卖方。为了成为一个好的卖家，蒙古国应着重发展矿业、旅游业和科技行业，但也有一些障碍。

蒙古国国家工商会认为蒙古国缺乏健全的法律环境和贸易促进部门，不利于保护国内市场和吸引国外投资，因此正在从向谁卖、卖什么、谁买和如何卖的角度研究贸易政策，而中国、俄罗斯、韩国、日本是最优的考虑对象。

蒙古国在东北亚地区的主要目标市场是中国东北地区，包括辽宁省、吉林省、黑龙江省和内蒙古自治区。2019年，在内蒙古自治区三个城市举办的中蒙博览会取得了圆满成功。蒙古国国家工商会计划于2019年10月中旬在中国举办一次博览会，目标是向中国出口300~500宗蒙古国商品，如果能够成功，这意味着世界最大的市场欢迎蒙古国企业。

2019年是中蒙建交70周年，2019年4月蒙古国总统访华，探讨了进一步深化双边合作等问题，这是两国元首第三次会晤，签署了18个文件，包括区域道路发展和贸易合作发展中期项目等。2019年也是两国确立友好合作关系25周年，2014年两国签署了全面战略合作伙伴关系协定，预计到2020年双边贸易额将达到100亿美元。

中蒙合作项目进展顺利，二连浩特经济自由贸易区、阿勒坦布拉格高速公路项目、乌兰巴托房屋处理贷款项目、残疾儿童发展项目，以及旅游行业方面的合作都表现良好，目前共有8 000余名蒙古国学生在中国30个城市学习，蒙古国财经大学也与东北财经大学开展了"2+2"合作项目。我相信在东北亚经济中两国将有许多合作机会，两国在贸易领域的合作会让更多蒙古国的优秀学生在中国有更多、更好的发展机会。

在与东北亚其他国家的合作中，中蒙俄合作也进入了新的阶段。2019年9月，俄罗斯总统普京对蒙古国进行了正式访问，访问期间双方确立了友好合作关系和全面战略伙伴关系，签署了10多个合作文件。蒙古国总统在第三次参加符拉迪沃斯托克东方经济论坛时提议，探讨与欧亚贸易委员会达成自由贸易协定的可能，还建议通过中蒙俄经济走廊，加快各个国家之间的协调，建议成立东北亚联合协调机构；同时，还提议俄罗斯通往中国的天然气管道穿越蒙古国，该提议得到俄罗斯总统的支持，中国领导人也对此表示了兴趣。

尽管蒙古国与日本签署了自由贸易协定，但最近的数据显示蒙古国对日本的出口有所下降。首先是因为我们没有签订此类合同的经验，其次是产品清单不完整。蒙古国总统将于2019年11月访问日本，在此期间双方计划讨论相关的贸易和投资问题。因此，对于与韩国的自由贸易协定谈判，学习日本案例的经验很重要。此外，蒙古国还有机会出口羊绒和药草，但更重要的是发展旅游业，旅游业的发展能促进产品的出口。现在有许多韩国游客前往蒙古国，这是让韩国人民了解蒙古国产品的重要机会。蒙古国一直以来也与朝鲜保持着良好关系，未来两国经贸合作也有着更多的机会。

在新的时代背景下，经济合作不应受到政治的干扰，我们愿以共享经济、互联互通、资源优化等新方式促进东北亚经济合作。因此，我期待东北亚各国在新的时代背景下开展互利合作，在新的理念下共同发展。

韩国的新南方政策
——增加值贸易分析与政策应对

李凖晔（韩国）[1]、刘政昊（韩国）[2]
[1] 韩国仁荷大学商学院国际通商学部教授、经济学博士
[2] 韩国农村经济研究院教授

东南亚国家在世界贸易格局中占有重要地位，其进出口贸易的重要特征表现为：一是进出口贸易增长速度快，二是对中国的贸易依赖程度高。本文基于联合国的国际投入产出表（ICIO表），利用WWZ（2014）对出口贸易增加值的分解方法，对东南亚国家（东盟）的贸易结构及其价值链分工特征进行分析。

一、东盟国家的贸易趋势

图4-1和图4-2显示了东盟国家最近15年的国际贸易关系变化情况。其中，图4-1是东盟国家的出口情况，图4-2是东盟国家的进口情况。通过两图可以看出东盟国家国际经贸发展的第一个显著特征是出口向好，进口速度增长很快。

百亿美元

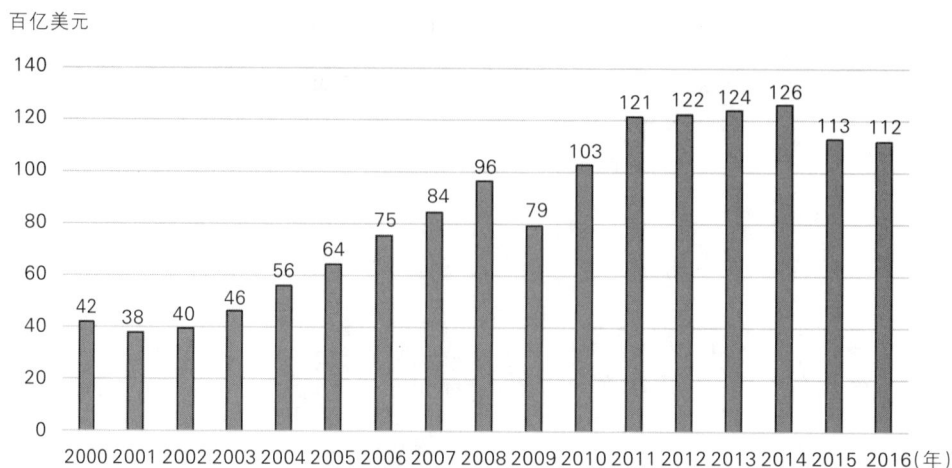

图4-1 东盟国家的出口情况

百亿美元

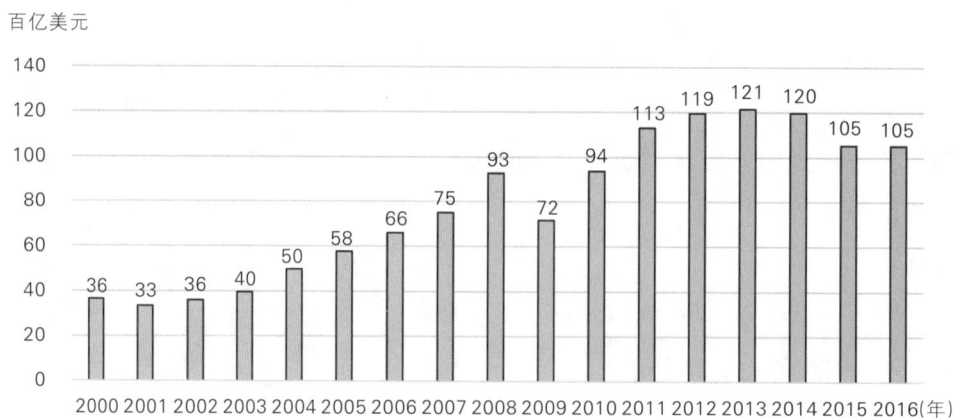

图4-2 东盟国家的进口情况

第二个特点是东盟国家对中国的依赖程度在提高。由图4-3可以看出，2010年以后，中国变成了东盟国家的第一大贸易伙伴国。图4-4反映了东盟国家的进口依赖情况，可以看出中国是对东盟国家出口最多的国家。

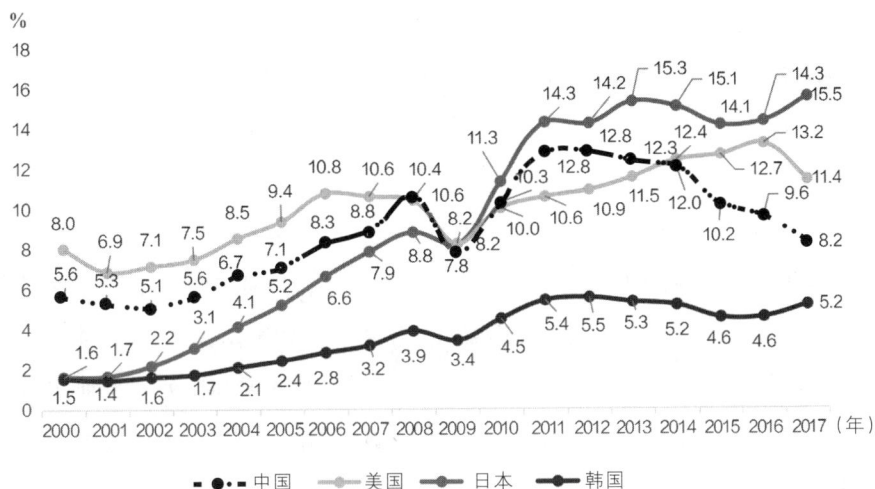

图4-3　东盟国家的出口份额

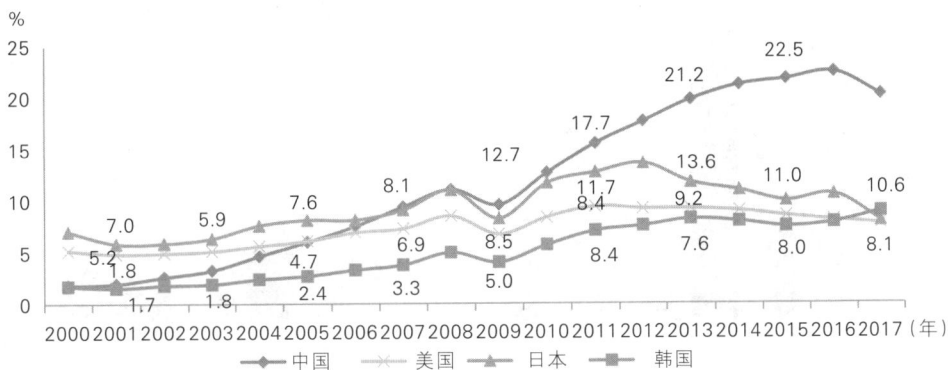

图4-4　东盟国家的进口份额

二、贸易增加值分析

国际上对贸易增加值分析比较常用的方法是投入产出表分析法，我们最初是以出口总额来分析，但这样分析可能无法反映各个国家真实的增加值影响，所以现在国际贸易学术方面主要把出口总额变成不同附加值的出口项目。最详细的附加值项目共有16个。最核心、最重要的附加值项目是纯重复计算项（Pure Double Counting，PDC），比如中国把元件出口到东盟国家，然后在东盟国家加工，最后再出口给中国，中国再出口给其他国家，两次来往是重复的。重复项目越多反映两个国家之间的贸易关系越好，也说明加入世界贸易网络程度比较高。

根据联合国2006—2015年的世界投入产出表计算的2015年东盟部分国家垂直分工（Vertical Specialization，VS）的总出口中，外国附加值占比和纯重复计算项的占比如图4-5所示。通过对比可以看出，东盟国家利用外国附加产品的程度有所不同，新加坡、泰国、越南等国家更偏向于用外国的附加值来出口，但是对外开放度较低的一些国家，利用程度也较低。

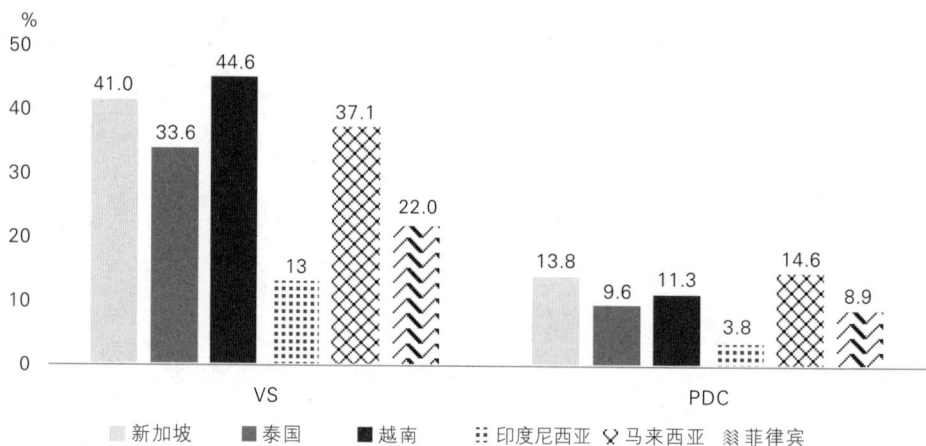

图4-5　2015年东盟部分国家总出口中外国附加值占比情况

中日韩三国对东盟国家出口中的附加值占比情况如图4-6所示。以2015年的情况为例，在韩国对东盟国家的出口中，韩国的附加值占比为65.3%；在日本对东盟国家的出口中，日本的附加值占比为83.4%；在中国对东盟国家的出口中，中国的附加值占比为60.0%。通过对比可以看出，在中国对东盟的出口中，中国在中日韩三国中国内附加值占比最低，韩国处于中间，日本最高。这说明日本出口给东盟国家的是附加值比较高的产品。

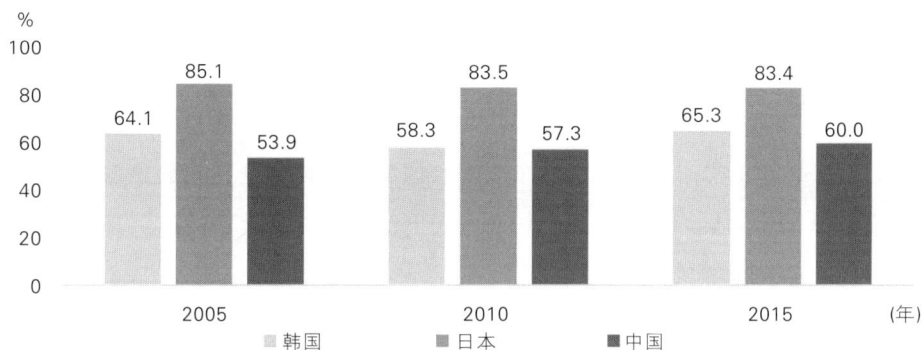

图4-6　中日韩对东盟国家出口中的附加值占比情况

中日韩三国对东盟国家出口中的纯重复计算项附加值占比情况如图4-7所示。通过对比可以看出，日本的占比最低，也就是说大部分日本产品出口到东盟国家基本就结束了，但中国和韩国的产品出口后，还会再进口，加工之后再出口给世界各国。

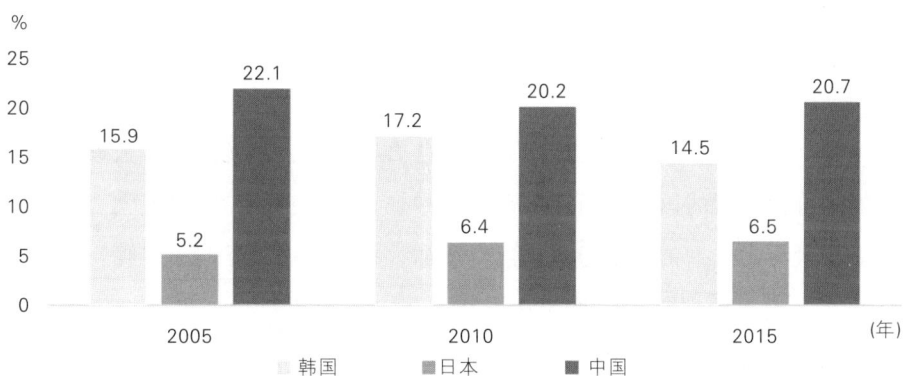

图4-7　中日韩对东盟国家出口中的重复计算项附加值占比情况

因此，综合来看，中日韩三国与东盟的经贸关系都比较密切，但与东盟国家经济交流的形式有所差异。

三、进出口模拟

模拟1：世界消费需求增加50%

如果世界经济需求增加50%，东盟哪些国家的出口会受到较大影响？根据我们的模拟计算，结果如图4-8所示。可以看出，受影响最大是越南，其次是马来西亚、印度尼西亚等国。

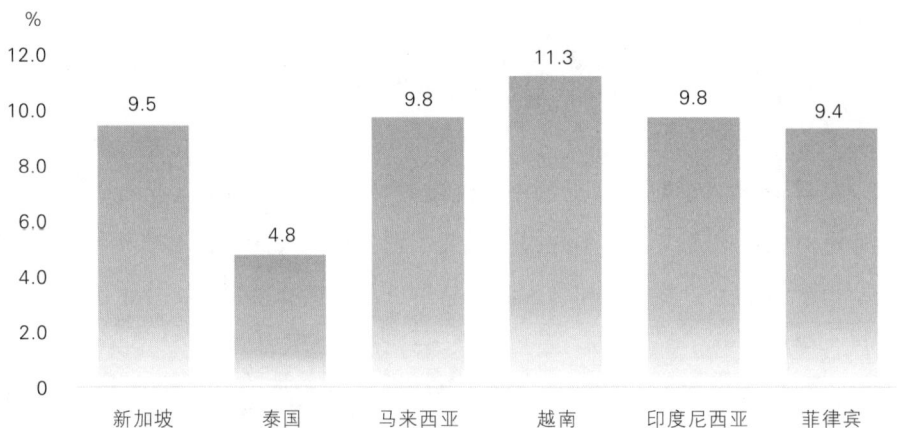

图4-8　世界消费需求增加50%的情况下东盟国家出口增长情况

为什么世界需求增加对越南出口影响这么大？因为越南是东盟国家中对全球生产网络价值最高的国家，所以外部需求增加，其受到的影响也最大。

如果世界需求增加，东盟国家出口增加，哪些国家的受益最多呢？根据我们的计算，在世界消费需求增加50%的情况下，以总出口增加和附加值增加排名为标准，与东盟国家贸易受益最大的前五位国家和地区如表4-1所示。从总出口的增加情况来看，受益最大的是中国，但是从附加值增加情况来看，中国没有美国、日本、韩国等国家增加的附加值多。

表4-1 在世界消费需求增加的情况下与东盟国家贸易受益
最大的前五位国家和地区情况表

排名		1	2	3	4	5
总出口	新加坡	中国	马来西亚	美国	日本	韩国
	泰国	中国	日本	美国	马来西亚	韩国
	马来西亚	中国	新加坡	美国	日本	泰国
	越南	中国	韩国	日本	泰国	美国
	印度尼西亚	中国	新加坡	日本	泰国	马来西亚
	菲律宾	中国	日本	韩国	美国	泰国
增加值	新加坡	美国	日本	沙特阿拉伯	印度	印度尼西亚
	泰国	日本	美国	沙特阿拉伯	马来西亚	印度尼西亚
	马来西亚	美国	日本	新加坡	印度尼西亚	泰国
	越南	韩国	日本	美国	中国台湾	泰国
	印度尼西亚	日本	美国	沙特阿拉伯	新加坡	马来西亚
	菲律宾	美国	日本	沙特阿拉伯	韩国	中国台湾地区

模拟2：中国最终消费减少30%

如果中国经济不景气的话，哪个国家受到的影响最大？根据我们的计算，在中国最终消费减少30%的情况下，东盟国家的出口下降比例如图4-9所示。可以看出，加入全球生产网络程度越高的国家，受影响的程度越大，如菲律宾、新加坡、马来西亚等国会受到比较大的影响。

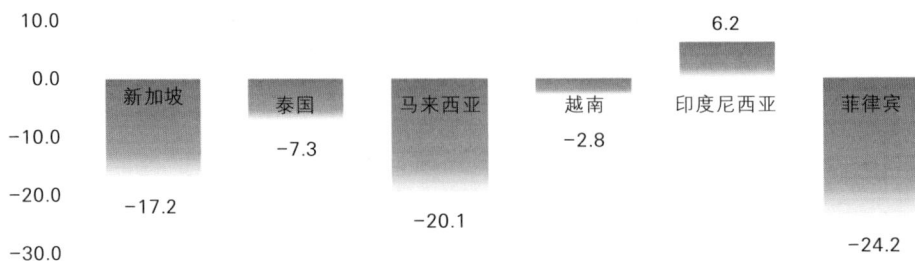

图4-9 中国最终消费减少30%的情况下东盟国家出口下降情况

如果中国经济不景气的话，东盟对中国的出口会减少，由此其他国家对东盟的出口也会受到影响。根据我们的计算，在中国最终消费减少30%的情况下，以附加值减少幅度为标准，与东盟国家贸易受影响最大的前五个国家和地区的情况如表4-2所示。可以看出，如果中国和新加坡之间的贸易交流减少，首先受到影响的是美国、日本和印度三个国家，而泰国、马来西亚、越南、印度尼西亚和中国之间的贸易往来减少，韩国受影响的程度均排在前四位。

表4-2 中国最终消费减少30%的情况下与东盟国家贸易受影响最大的前五位国家和地区情况表

排名 国家	1	2	3	4	5
新加坡	美国	日本	印度	英国	德国
泰国	日本	美国	德国	韩国	澳大利亚
马来西亚	美国	日本	印度	韩国	德国
越南	中国台湾地区	日本	美国	韩国	德国
印度尼西亚	日本	美国	沙特阿拉伯	韩国	澳大利亚
菲律宾	美国	日本	法国	中国台湾地区	德国

综上可以看出，受世界贸易局势和中国生产成本提高的影响，很多企业专门来到东盟国家进行生产和出口贸易。但是世界各国之间的生产网络是非常密切的，韩国可以将企业转移到东盟国家，但却回避不了中国和世界的经济形势变化带来的影响。

百年大变局与"一带一路"

王绍媛
东北财经大学国际经贸学院教授、博士生导师

中国和世界正面临"百年未有之大变局"，政治多极化、经济全球化、文化多样化、社会信息化潮流不可逆转，各国间的联系和依存日益加深，但也面临着诸多的共同挑战。"一带一路"倡议顺应历史大潮，符合全球构建人类命运共同体的内在要求，符合沿线国家共享发展机遇、共创美好生活的强烈愿望。

一、百年大变局：重要影响因素

（一）新技术革命：根本因素

技术变革对人类的影响、对生产方式的影响、对生活方式的影响、对全球分工的影响无处不在。从历史上看，决定一个国家在全球格局中地位的因素就是这个国家在新技术革命中能否领先。

新一代的信息技术包括大数据、云计算、人工智能、物联网等，技术进步速度更快，带来的影响极其深刻。信息技术革命不仅催生数字经济等新兴产业，而

且有利于传统产业改造升级，共同形成经济发展的新动能。

（二）全球治理体系变革：制度因素

在一百年前，世界是没有全球性规则的，而是遵循丛林法则，弱肉强食。第二次世界大战结束以后，联合国、国际货币基金组织、世界银行、关贸总协定（后来演变成WTO）等，逐渐共同形成当今的全球治理体系。

实际上，全球治理体系并不是僵化的，而是一直在演变。演变方向有一个主轴，比如在经济全球化方面倡导自由贸易。

当前，全球经济体系处在加速变革期。各种区域经济合作组织层出不穷，并且成为制定新的国际经济规则的重要平台；WTO改革也提上了日程；中国提出"一带一路"合作倡议。全球治理体系加速变革将有力地推动全球格局的变化。

（三）大国博弈：直接因素

世界格局尤其是政治格局、经济格局受到大国关系的影响。伴随着中国经济实力的迅速增强，美国将中国定义为"战略竞争对手"。现阶段大国博弈集中体现在美国守成大国和中国新兴大国的结构性矛盾，中美博弈具有必然性、全面性、复杂性和长期性。

二、"一带一路"：通向人类命运共同体之路

随着中国综合实力的快速增强，中国成为影响国际格局的一个自变量。中国自身的变化会影响到中国和世界的关系，会影响到全球的格局；反过来，中国和世界的互动也会影响到中国自身的发展。中国正主动利用自身的国际影响力，塑造一个有利的国际环境，为人类的未来做出更大的贡献，真正彰显大国的责任与担当。

2013年3月，习近平主席访问俄罗斯，首次向国际社会阐释了"人类命运共同体"这一国际关系新理念。共建"一带一路"，就是推动构建"人类命运共同

体"的一个具体倡议。"人类命运共同体"是国际关系理论中一个全新概念，是在尊重主权国家的前提下，强调人类的整体性。

（一）"一带一路"倡议的背景：全面开放新格局

1. "一带一路"倡议的历史背景

古代中国连接亚洲、非洲和欧洲的陆上商业贸易路线的最初作用是运输中国出产的丝绸、瓷器等商品，这条路线后来成为东方与西方之间在经济、政治、文化等诸多方面进行交流的主要道路。

丝绸之路从运输方式上，主要分为"陆上丝绸之路"和"海上丝绸之路"。随着时代发展，丝绸之路成为古代中国与西方所有政治、经济、文化往来通道的统称。除了"陆上丝绸之路"和"海上丝绸之路"，还有北向蒙古高原，再西行天山北麓进入中亚的"草原丝绸之路"等。

2. "一带一路"倡议的时代背景

国际金融危机深层次影响继续显现，世界经济缓慢复苏、发展分化，国际投资贸易格局和多边投资贸易规则正酝酿深刻的调整，各国面临的发展问题依然严峻。

40多年来，中国改革开放事业取得了巨大成就。1992年以后，沿边地区开放政策的创新力度不大，与此同时，其他地区的开放政策在不断推进。党的十九大提出以"一带一路"为重点构建全面开放新格局，要求我国对外开放的布局要更加均衡、更加全面，深度融入世界经济体系。

"一带一路"作为全方位对外开放的倡议，正在以经济走廊理论、经济带理论、21世纪国际合作理论等创新经济发展理论、区域合作理论、全球化理论。

（二）"一带一路"倡议的基本内涵：认知与理解的基点与关键

"一带一路"倡议自提出后不断拓展其合作区域与领域，尝试与探索新的合作模式，不断丰富、发展与完善，但其初衷与原则始终如一。

1. 开放性、包容性的区域合作倡议

当今世界是一个开放的世界，只有开放才能发现机遇、抓住机遇、用好机遇。"一带一路"倡议就是要把世界的机遇转变为中国的机遇，把中国的机遇转变为世界的机遇。正是基于这种认知与愿景，"一带一路"倡议以开放为导向，冀望通过加强交通、能源和网络等基础设施的互联互通建设，促进经济要素有序自由流动、资源高效配置和市场深度融合，开展更大范围、更高水平、更深层次的区域合作，打造开放、包容、均衡、普惠的区域经济合作架构，使各方从中受益，但并不歧视第三方，第三方可以平等参与，从合作中受益，以此来解决经济增长和平衡问题。因此，"一带一路"倡议是开放的、非歧视的。

2.共商共建共享的联动发展倡议

"一带一路"建设的初心就是合作发展，建设的核心主体与支撑力量并不在政府，而是企业，根本方法是遵循市场规律，并通过市场化运作模式来实现参与各方的利益诉求，政府在其中发挥构建平台、创立机制、政策引导等指向性、服务性功能。

3.务实的合作平台

"一带一路"不是中国的地缘政治工具，而是通过加强相关国家间的全方位多层面交流合作，充分发掘与发挥各国的发展潜力与比较优势，彼此形成互利共赢的区域利益共同体、命运共同体和责任共同体。在这一机制中，各国是平等的参与者、贡献者、受益者。平等是中国坚持的重要国际准则，是"一带一路"建设的关键基础。建立在平等基础上的合作才能是持久的合作，也才会是互利的合作。"一带一路"建设是在双边或多边联动基础上通过具体项目加以推进的，是在充分的政策沟通、战略对接及市场运作后形成的发展倡议与规划。

4.对现有机制的对接与互补

"一带一路"相关国家的要素禀赋各异，比较优势差异明显，互补性很强，这为中国与其他"一带一路"参与方实现产业对接与优势互补提供了现实需要与重大机遇。通过促进基础设施建设，对接各国政策和发展战略，深化务实合作，促进经济协调联动发展，实现互联互通、共同繁荣。

5.促进人文交流的桥梁

"一带一路"倡议跨越不同区域、不同文化、不同宗教信仰，但它带来的不是文明冲突，而是各文明间的交流互鉴。通过弘扬丝绸之路精神，开展智力丝绸之路、健康丝绸之路等建设，在科学、教育、文化、卫生、民间交往等各领域广泛开展合作，以文明交流超越文明隔阂，以文明互鉴超越文明冲突，以文明共存超越文明优越，为相关国家民众加强交流、增进理解搭起了新的桥梁，为不同文化和文明加强对话织就了新的纽带，推动各国相互理解、相互尊重、相互信任。

三、合作的重点：实体经济合作

（一）经济走廊建设

六大经济走廊建设是"一带一路"的重点。六大经济走廊是中国与"一带一路"沿线国家一道规划的经济发展带，它们分别是新亚欧大陆桥、中蒙俄、中国—中亚—西亚、中国—中南半岛、中巴、孟中印缅经济走廊。

（二）产业合作

产业合作是推进"一带一路"建设的重点领域。"一带一路"沿线很多国家的发展问题，从本质上说，是工业化的问题。因此，"一带一路"建设通过各国之间的产业合作来吸引投资，发展制造业、服务业、农业、矿业等，加速沿线国家经济发展。

有些国家已经建好了基础设施，需要把基础设施用起来，充分发挥基础设施对经济发展的支撑作用，这就需要产业合作。因此，在推进"一带一路"建设中，产业合作的重要性就更加凸显出来。整体看，"一带一路"基础设施建设任务远未完成，还存在短板，因此，基础设施建设是长期合作重点。

产业合作利用的是优势互补，除了中国到其他国家投资，还有其他国家之间的相互投资，还有"一带一路"沿线国家到中国来投资。"一带一路"产业合作不是狭隘的中国对外转移产业，而是多向投资、多方合作。

中国各类企业遵循市场化、法治化原则自主赴沿线国家共建合作园区，推动这些国家借鉴中国改革开放以来通过各类开发区、工业园区实现经济增长的经验和做法，促进当地经济发展。

四、"一带一路"共建的贡献

（一）共商：从中国倡议到全球共识

打造共商国际化平台与载体：2017年5月，北京举办"一带一路"国际合作高峰论坛；2018年11月，上海举办中国国际进口博览会。

强化多边机制在共商中的作用：上海合作组织、亚信会议、中非合作论坛等现有多边合作机制，在相互尊重、相互信任的基础上，积极同各国开展共建"一带一路"实质性对接与合作。

建立"二轨"对话机制：与沿线国家通过政党、议会、智库、地方、民间、工商界、媒体、高校等"二轨"交往渠道，围绕共建"一带一路"开展形式多样的沟通、对话、合作。

（二）共建：共同打造和谐家园

打造共建合作的融资平台：如亚洲基础设施投资银行、丝路基金等。

积极开展第三方市场合作：推动开放包容、务实有效的第三方市场合作，促进中国企业和各国企业优势互补，实现"1+1+1＞3"的共赢。

（三）共享：让所有参与方获得实实在在的好处

将发展成果惠及沿线国家，改善沿线国家民生，促进科技创新成果向沿线国家转移，推动绿色发展。

（四）愿景：构建人类命运共同体

"一带一路"倡议源自中国，更属于世界，为全球治理体系变革提供了中国方案，把沿线国家的前途和命运紧紧联系在一起。

中国在40多年的改革开放中积累了很多可供借鉴的经验，中国无意输出意识形态和发展模式，但中国愿意通过共建"一带一路"与其他国家分享自己的发展经验，与沿线国家共建美好未来。

"一带一路"产能合作带来发展新机遇

李海峰
兴城市泳装行业协会会长

自习近平总书记2013年提出"一带一路"倡议以来，已过去整整五年。在这五年里，"一带一路"建设由点及面，在发展中不断前进，在合作中苗壮成长，逐步编织起以亚欧大陆为中心、辐射全球各大陆、连接世界各大洋的合作网络，构建起"一带一路"沿线国家发展战略对接、各自优势互补、彼此互联互通、包容开放发展的国际合作平台。

经过五年的全面推进和发展，"一带一路"建设从理念转化为行动，从愿景转变为现实，建设成果丰硕。葫芦岛兴城泳装产业集群，在各级党委政府的支持下，坚定不移贯彻新发展理念，转变发展方式，迎难而上：在美化人民生活、增强文化自信、建设生态文明、带动相关产业、拉动内需增长、促进社会和谐等方面发挥着日益重要的作用；在国际竞争力、市场话语权和社会责任实践方面不断彰显新价值。

一、兴城泳装产业集群发展情况

20世纪80年代初，葫芦岛兴城泳装产业以"脚踏缝纫机、提篮小卖"起家，到 2009 年年末，逐渐形成了以泳装 ODM 加工制造为主体的产业集聚；之后，在省、市、县党委、政府的积极推动下，发展成为规模化、专业化泳装产业集群。

截止到 2018 年，兴城泳装企业已经达到 1 200 多家，总产量 2.2 亿件（套），总销售额达 140 亿元，占全国泳装销售额的 40%，占全球泳装销售额的 25%，自主品牌达到了 1 325 个。兴城泳装产业电子商务发展全国领先，电子商务公司过万家，跨境、国内电子商务年贸易额达到了 40 多亿元，国内泳装电商出货 80% 在兴城。2018 年，葫芦岛兴城被阿里巴巴集团授予"电商示范百佳市"称号，实现了线上、线下结合，全途径、全球化的营销模式。

2010 年 9 月，葫芦岛兴城市被中国服装协会授予"中国泳装名城"称号；2014 年，被阿里巴巴集团授予"最具影响力奖"；2015 年，被中国纺织工业联合会确定为"纺织产业集群创新发展示范地区"；2016 年，被中国服装协会确定为"中国服装行业'十三五'创新产业示范基地"。

2011 年，兴城市泳装行业协会成立，并建立行业工会联合会。2016 年，兴城泳装创意设计产业园被工信部确认为东北首个"纺织服装创意设计试点园区"；2017 年，天诚电子商务产业园被辽宁省商务厅确定为"辽宁省电子商务培训基地"。

二、依托产业集群优势，实现产供销全球化

葫芦岛兴城泳装产业已经成长为国内领先产业集群，应借助产业转型最佳机遇，加快把葫芦岛建成全国泳装和与之相关的轻运动服装研发基地、生产基地和销售基地，做到产量最大、市场最大、发展最好，成为全国乃至世界泳装产业的标准制定者和发展风向标。

（一）依托全球化营销模式优势

纺织服装产业是传统支柱产业、重要的民生产业和创造国际化新优势的产业。当前，经济全球化的时代已经到来，而葫芦岛兴城泳装产业在全球布局、全

球营销的时机趋于成熟。

联合国统计数据显示，世界泳装进口量前五的国家依次是美国、英国、德国、意大利、法国。2016年，美国从中国进口泳装1.11亿件（套），进口金额4.97亿美元，占美国当年泳装进口总量的52.94%，其余泳装进口国分别是俄罗斯、日本、韩国、印度尼西亚、越南、柬埔寨、斯里兰卡等国家，中国是世界泳装市场进口的主要来源国。

（二）依托海外数据化仓储及海外并购优势

近年来，天诚泳业公共服务平台在美国、俄罗斯、德国、澳大利亚等21个国家规划建设33个海外数据化仓储物流中心，已经投入运营15个；依托阿里巴巴、亚马逊、易贝、Wish等跨境电商平台，以遍布全球的国际化商贸物流，带动泳装产业跨境电商出口的快速发展。

从2009年开始，葫芦岛兴城的泳装企业开始在全球谋划布局，并购海外知名泳装企业、品牌及渠道，先后并购了美国英盖尔公司、俄罗斯伊格力公司（GilitskiyIgor）的轻泳运动（Lightswim）和库帕拉帕（Cupalapa）品牌、意迪埃公司（Edi Ganssmüller AG）的埃丽莫（elemar）品牌等多家海外知名企业和品牌。

2018年，葫芦岛市进出口投资贸易集团收购了美国百年品牌简瑟（Jantzen）。该品牌始创于1918年，目前在波特兰设有品牌展示博物馆，产品遍布了美国沃尔玛超市、斯坦因超市（STEIN MART INC）、梅西百货（MACY'S BACKSTAGE）、邦顿百货（THE BON-TON STORES INC）、鲍勃百货（BOB'S STORE-DIP）、洛德与泰勒百货（LORD&TAYLOR）等知名商场。一批跨境电商品牌迅速成长，德容集团合作品牌海帕瑞（Hapari）是美国泳装销售增长最快的品牌之一；凯迪龙公司的阿克瑟希（AXESEA）品牌在亚马逊平台水上运动项目中销售排名第二。一批企业的泳装品牌在美国、俄罗斯、澳大利亚、欧盟等国家和地区注册。

三、借助"一带一路"政策实现互利共赢

当前纺织服装产业所处的环境正在发生结构性变化，世界经济不稳定性、不确定性增强，供应链区域化布局成为重要趋势。

行业发展已经不是零和游戏，合作成为竞争优势的重要来源。在政策调整、智能制造、能源革命、资金成本、原料价格等因素的影响下，行业综合成本正趋于扁平，就近化生产与分散化采购成为一种趋势，大量区域贸易协定也加剧了贸易碎片化，"形散"成为新表象。以市场、资本、网络、政策、文化、责任为纽带，全球一体化深入发展，区域间、国家间、产业间的资源能力正在广泛链接、有效组织和高度协同，以"一带一路"为代表的国际产能协作顺利推进，"神聚"成为行业价值重塑的内在逻辑。品质消费、服务消费、信息消费、绿色消费、时尚消费——消费需求日趋多元；技术创新、模式创新、产品创新——创新迭代持续加快；移动互联、物联网、云计算、人工智能、虚拟现实——智能正向全产业链深度融入；开放式创新、体系化创新、可持续创新——协同创新成为产业和企业的必然选择。

面对新形势，各国纺织服装企业共同促进产业链、价值链和创新链相互融合，构建开放、合作、共享的产业生态。通过横向连接，企业整合资源，扩大订单规模。通过纵向连接，企业在原料、设计、生产、运输、销售等环节实现优化组合、节约成本。用"一针一线"串联起"一带一路"沿线纺织业广阔市场，乃至全球市场，是葫芦岛兴城泳装产业未来三年的目标。我们以产品为支点、以品牌为媒介、以海外仓为载体，在东北亚及"一带一路"国家和地区建立生产基地、营销中心，以此辐射其他国家和地区，实现葫芦岛兴城泳装"货通全球"的目标。目前，葫芦岛市进出口投资贸易集团已经在越南南定省南定市合作建立了泳装生产加工厂、海外运营中心及海外仓储物流中心，在菲律宾克拉克自由港区建立了泳装生产加工厂和海外运营中心。希望我们葫芦岛兴城泳装行业协会与各

个国家商协会建立友好的合作关系，也邀请"一带一路"沿线的各个国家、各方有识之士到辽宁葫芦岛参观、考察。

葫芦岛兴城泳装产业集群，已经坚持走了 10 年自主品牌之路。目前，泳装品牌营销覆盖全世界多个国家的大中型超市。通过海外市场品牌的拓展，全产业将实现总产值 300 亿元，产销 3 亿件/套，将葫芦岛兴城打造成为世界泳装之都。

第五篇

东北亚贸易与《中日韩自由贸易协定》

加快推进东北亚
区域经济合作

宋志勇
商务部国际贸易经济合作研究院亚洲
研究所所长

一、东北亚自贸区建设情况

进入21世纪以来，特别是中国加入WTO以后，自贸区建设发展非常快。

中国签署的第一个自贸区协定是与东盟的自贸区协定，基于当时的发展状况，此自贸协定具有开拓性意义，极大地带动了东盟的发展。此后，中国自贸区建设逐渐发展起来。到2019年8月，已经完成谈判的自贸区协定有17个，涉及20多个国家和地区，已签署协议的自贸区协定有16个，生效的有15个，正在谈判的有12个，此外还有部分自贸区协定正在研究中。签署协议的国家半数以上都是周边国家，其中发展中国家居多，还有部分发达国家，主要是韩国、澳大利亚和一些经济体量较小的欧洲发达国家。与韩国签署自贸协定，对中国来说意义很大。过去与中国签署自贸协定的更多是发展中国家，因此有人认为中国自贸区建设水平有限，实际上通过多年的努力，中国在自贸区建设方面已经取得了比较大的成就。2017年12月，中韩两国签署了《关于启动中韩自贸协定第二阶段谈判的谅解备忘录》，两国自贸协定第二阶段谈判正式启动，在第二阶段谈判中，我国首次以负面清单方式开展服务贸易和投资谈判。

1998年亚洲金融危机对包括中日韩在内的亚洲国家影响巨大，在此之前，各方对自贸协定的认识都比较薄弱，信任度不高。日本在1998年与韩国开始自贸协定谈判以后，逐渐加快了自贸协定的推进速度，新加坡成为与日本第一个签署自贸协定的国家。近年来，日本的自贸协定建设取得了比较大的成就，比如2019年日本与欧盟正式签署了自贸协定；在美国退出跨太平洋伙伴关系协议（TPP）以后，日本积极推动TPP，最后达成了11个国家签署的CPTPP。

韩国最早与美国开始自贸协定谈判，此后逐渐扩大开放，特别是与中国签署的自贸协定，对韩国的对外开放和与各国的经贸交往发挥了比较大的作用。现在韩国已经与美国、欧盟、中国等几个大市场都签署了自贸协定，因此韩国自贸协定签署情况比较好。

俄罗斯是欧亚经济联盟的主导国，但自贸区建设较为滞后。目前，俄罗斯仅与部分周边国家签署了自贸协定。俄罗斯的自贸伙伴国主要包括：格鲁吉亚、阿塞拜疆、白俄罗斯、哈萨克斯坦、塞尔维亚、土库曼斯坦和乌兹别克斯坦。2015年，中国与俄罗斯签署《中华人民共和国与俄罗斯联邦关于丝绸之路经济带建设和欧业经济联盟建设对接合作的联合声明》。

蒙古国已经与日本签署经济伙伴关系协定（EPA）。中国和蒙古国的自贸协定谈判正处于可行性研究阶段。

二、东北亚区域经济合作面临的挑战

第一个挑战是东北亚地区的安全局势。东北亚地区是一个非常复杂的地区，历史遗留问题较多，包括朝鲜半岛问题、中日矛盾、日韩矛盾、日俄矛盾等。因此，面对这种复杂的现实矛盾，一些突发事件常常容易让过去取得的成果前功尽弃，至少对双方再继续谈判有很大影响。

第二个挑战是逆全球化的动向。首要是英国脱欧；其次是整个欧洲的内部已经发生了比较大的变化，一些主张退出欧元区的右翼势力的力量在不断上升；最后是美国对整个逆全球化的影响，特朗普政府提出了"美国优先"政策，不管是对盟国还是中国等其他国家，增加关税和制裁都成为其处理经贸问题的主要手段，而且其认为过去签署的自贸协定，包括北美自贸协定均不符合"美国优先"的要求，都要重新谈判。

第三个挑战是发达国家的贸易保护主义。它们采取的新措施包括对高端产品甚至是投资要素的流动的限制、对外资准入的限制、对并购企业提高安全审查力度、把知识产权等纳入贸易保护措施等。

三、中日韩对推动东北亚区域经济合作的影响

第一，中日韩是东北亚地区重要的贸易伙伴，2018年中国与东北亚地区五国贸易额合计约7 585.7亿美元，整个东北亚五国之间的贸易额接近9 000亿美元，中国、日本、韩国在东北亚地区的合作是非常紧密的，建成中日韩自贸区对整个东北亚地区的发展是非常有利的。

第二，中日韩三国一直把区域经济合作作为对外经济发展的一个重点，无论是中国发布的《关于加快实施自贸区战略若干意见》中提出的详细的战略设想和建议，还是日本提出的要加快倡导自由贸易，努力成为全面、平衡、高水平世界规则制定者的目标，都表现出强烈的加强对外经济合作的意愿。而且，2020年11月《区域全面经济伙伴关系协定》（RCEP）正式签署，也为《中日韩自由贸易协定》（中日韩FTA）谈判提供了助力，所以区域经济合作是中日韩三国对外发展的共同工作方向。

第三，中日韩三国合作可以缓和地区局势。首先，能够缓和朝鲜半岛的紧张局势，使之向好的方向发展；其次，可以缓解对抗情绪，降低对抗风险；最后，有助于应对贸易保护主义，中日韩三国的快速发展受益于经济全球化，而中日韩经贸关系的发展也有助于经济全球化的进一步发展，同时有助于吸引更多的国家加入反对贸易保护的阵营。

四、思考和建议

第一，加快推进中日韩FTA谈判。在第15轮谈判中，中日韩的部长有了一个共识，就是要加快中日韩FTA谈判，而且要打造"RCEP+"。现在RCEP已经正式签署，建成高于RCEP标准的FTA是三国达成的共识。所以，三国提出要打造"RCEP+"，不断地提高规则标准，提升域内贸易投资自由化水平。因此，加快中日韩FTA谈判，对三方都是有利的，对推动整个东北亚区域经济合作发展也是非常有利的。

第二，积极探讨推进东北亚地区贸易便利化。区域合作涉及很多方面，但必须努力使贸易便利化取得重大进展，这涉及信息共享，货物清关、通关，检验检疫标准互认等方面。信息共享可以促进各国之间的交往，有助于贸易投资的发展。

第三，建设东北亚自贸区。整个东北亚地区一方面是一个巨大的市场，另一方面各国各有优势和特点，国家间的互补性比较强，这对建立东北亚自贸区是非常有利的。而且，东北亚各国已经签署了一些自贸协定，这也为建设东北亚自贸区奠定了良好基础。因此，各国应加强合作，争取早日在东北亚地区建成自贸区。

5G时代中日韩半导体合作

许圣茂（韩国）
大韩贸易投资振兴公社（KOTRA）海外知识产权室次长

全球汽车市场步入了无人驾驶初步运作阶段，对交通安全与驾驶便利性提出了更高的要求。一辆汽车零部件中半导体所占的比例在快速增加，半导体生产企业对汽车产业发展的贡献也越来越大。有专家认为，未来汽车产业的创新要依靠半导体来实现。这是汽车生产企业面临的新挑战。

据 IHS Market 分析，全球无人驾驶汽车销售量预计在 2025 年突破 60 万辆，在 2035 年达到 2 100 万辆。过去无人驾驶汽车主要处在研发阶段，最近几年已经开始进入商用化阶段，在共享出租车、大型卡车等领域已逐渐开始试用无人驾驶车辆。但 2016 年和 2018 年发生的交通事故，对其安全可靠性又提出了更高要求。在 IoT（Internet of Things，物联网）技术的基础上，V2X（Vehicle to Everything）技术的发展需求日益增加。无人驾驶汽车的技术包括数字驾驶舱和先进驾驶辅助系统（ADAS：Advanced Driver Assistance System）、人机界面（HMI：Human Machine Interface）和自动驾驶汽车（AV：Autonomous Vehicle）。内存半导体（memory）、感应器（sensor）是无人驾驶领域的核心技术。

全球半导体领先企业在无人驾驶领域争取专利，让汽车生产企业十分紧张。2011 年在欧洲申请的无人驾驶专利数量为 922 件，2017 年达到 3 998 件，6 年期间增长了 4 倍多。同期，其他领域专利申请平均增长 1.6 倍。2011—2017 年期间在欧洲申请汽车方面的专利最多的企业是三星电子（624 件），其次为英特尔（590 件）。汽车企业在这方面排名最靠前的才位居第五名，是一家汽车零部件生产企业博世（Bosch）。欧洲企业申请的无人驾驶专利数量最多，比例达到 37.2%，其次为美国企业（33.7%），日本、中国、韩国所占比例各为 13%、3%、7%。整车生产企业也开始研发、申请专利，汽车零部件方面的专利数量的增长速度比车载半导体更快。

最近几年，汽车生产企业和半导体企业在各领域合作的案例不断增加，双方希望通过供货与合并等各种方式寻求共赢模式。在东北亚地区，中日韩三国的企业想要找到合作机会，需要加强比较优势、弥补缺点。目前，硬件生产已经转移到成本比较低的国家，半导体的研发与核心专利的发明应是中日韩进一步合作的新领域。因此，中日韩三国在过去各领域分工的基础上，也可以在 5G 时代的新领域展开新的合作。

《区域全面经济伙伴关系协定》和《中日韩自由贸易协定》所面临的挑战

河合正弘（日本）
环日本海经济研究所所长、亚洲开发银行研究所原所长

《区域全面经济伙伴关系协定》（RCEP）和《中日韩自由贸易协定》（中日韩FTA）对于众多亚洲国家来说都将是巨大的机遇，并给各国的经济发展带来巨大的、有利的影响。从全球范围来看，同属于大型自由贸易协定的 RCEP 和中日韩FTA 如果能够实现，将会对世界各国产生巨大的影响。RCEP 的实现不仅能够让各成员国在亚洲区域内建立一个自由的、多边的贸易体系，还将向世界发出重视多边自由贸易的强烈信号。

RCEP 是以东盟 10 国为中心，包含中国、日本、韩国、印度、澳大利亚、新西兰共 16 个国家的自由贸易协定。中日韩 FTA 和 RCEP 的谈判均始于 2013 年。目前中国和韩国已经签署了双边自由贸易协定，但是中国和日本、日本和韩国之间的自由贸易协定尚未签署。

美国虽然签署了《跨太平洋伙伴关系协定》（TPP），但之后又退出了该协定。此后，除美国以外的 11 个国家完成了对 TPP 稍加改动之后的《全面与进步跨太平洋伙伴关系协定》（CPTPP）的谈判，该协定于 2018 年年底开始生效。世界上大型的自由贸易协定主要是以 GDP 的规模来衡量的（此外还有人口、贸易额、投资额等指标）。目前，世界上规模最大的自由贸易协定是仍处于构想阶段的《亚太自由贸易区》（FTAAP），其次是已暂停谈判的《跨大西洋贸易与投资伙伴关系协定》（TTIP），第三是包括美国等 12 国签署的《跨太平洋伙伴关系协

定》（TPP），第四是正在谈判中的RCEP。一旦RCEP签署并生效，无论是从GDP规模，还是从覆盖人口的指标来看，都将成为全球最大的自由贸易协定。

RCEP的协定国不仅有发达国家，还有中低收入的发展中国家。RCEP的签署将产生巨大的经济效益，尽管其对各国的经济影响程度可能会有所不同，但可以预期的是各国GDP将会显著增长。

至2019年9月，RCEP已进行了27轮谈判，并举行了9次部长级会议。在RCEP的20章内容中，已经有7个章节和3个附属文件有望达成协议。对于有争议的章节，讨论也在进行中。其中，关于货物贸易自由化（关税减免）、知识产权保护和电子商务规则这三个章节的讨论最为困难。

在RCEP谈判中遇到的困难主要有以下三个方面：

1. 日本、澳大利亚等发达国家和中国、印度等发展中国家之间在贸易协定方面存在意见分歧。发达国家特别重视在服务贸易、投资、知识产权及电子商务等领域实现高度的自由化并建立高水准的规则，而发展中国家则认为现阶段实现这些目标非常困难。

2. 印度担心中国产品的进口以及新西兰乳制品的涌入会阻碍印度的制造业、农业、乳制品行业的发展，使其陷入停滞。

3. 日本和韩国在贸易管制问题上存在对立。

如果我们希望RCEP谈判能够在2019年结束，则需要在以下方面做出努力。首先，中国在RCEP的谈判中占有重要的地位，代表发达国家的日本和代表发展中国家的中国有必要达成共识。中国是构筑高质量RCEP的关键。其次，为了实现印度的制造业和乳制品行业的贸易自由化，中国和新西兰需要给印度足够的准备时间使其增强本土产业的竞争力。最后，日本和韩国需要继续深入开展对话，并加快谈判进程。

中日韩三国都各有其优势和劣势的产业领域。中国在农业、水产业及低附加值的制造业领域具有优势，日本则处于弱势，韩国居于两者之间。在高附加值的制造业和服务业领域中，中国处于劣势，日本和韩国则具有较强的竞争力。由于每个国家都有自己的弱势产业，并倾向于对其加以保护，这给谈判带来了困难。

希望各国通过 RCEP 的谈判构筑起高质量的贸易伙伴关系。此外，中日韩三国应该缔结比 RCEP 自由度更高、质量更高的三国间的自由贸易协定。如果中日韩三国之间能够建立起高质量的贸易合作伙伴关系，将给亚洲带来更多的经济利益，同时也体现了中日韩三国在建立自由的、开放的多边贸易体系方面起到引领的作用。鉴于中国在 RCEP 谈判过程中发挥着非常重要的作用，我们可以期待中日韩之间的自由贸易协定的级别和质量都将优于 RCEP。这也表明了中国有意向加入 CPTPP，从而为中国加入 CPTPP 提供契机。另外重要的一点是，WTO 的改革要以亚洲为中心来推动。

（作者注：2020 年 11 月，除印度之外的 15 个国家同意并签署了 RCEP 协议。印度现阶段不参加）

日本与我国东北地区经贸合作现状与特点

施锦芳
东北财经大学东北亚经济研究院执行院长（大连）、教授、博士生导师

东北亚作为世界经济格局中的一个重要区域，在世界经济发展中发挥了重要作用。广义的东北亚经济地理概念包含中国、俄罗斯、日本、韩国、朝鲜和蒙古国六国，狭义的概念则仅指中国东北地区和上述其他五国。依据广义的概念，该区域面积约 2 876 万平方千米，总人口 17.4 亿，分别占亚洲面积和人口的 37.9% 和 64.5%，占世界面积和人口的 19.3% 和 23.1%。同时，该区域 2018 年的地区生

产总值为 21.7 万亿美元，占亚洲和世界的比重更是分别高达 65.2% 和 25.2%，经济影响力不言而喻。另外，无论是从自然资源禀赋还是经济发展水平来看，东北亚各国均存在明显的差异性并具备较强的互补性，合作潜力巨大。当前，随着经济全球化和区域经济一体化进程的加快，特别是在中国"一带一路"倡议实践成果显现之际，东北亚地区未来的经贸合作潜力将得到持续释放。

当然，日本和中国东北地区作为东北亚区域的重要组成部分，其经贸合作亦将大放异彩。在东北亚地区版图中，中国东北地区（黑龙江、吉林、辽宁）与日本和韩国隔海相望，北连俄罗斯，西邻蒙古国，东南部与朝鲜接壤，地理位置优势显著。东北地区还兼具良好的自然资源要素禀赋和雄厚的工业基础，已成为中国面向东北亚地区开放合作的重要窗口和核心地带。长期以来，在东北地区的对外经贸合作中，日本占据重要地位，其是东北地区对外贸易和对外直接投资的重要对象与主要市场。近年来，东北地区与日本的经贸合作取得了重大进展，但同时东北三省与日本的经贸合作也存在较大差异，如日本对东北三省的贸易和投资多集中在辽宁的大连和沈阳，较少流向吉林与黑龙江。在多轮东北老工业基地振兴战略的带动下，东北地区的经济社会发展取得了一定的成绩。新形势下，伴随中国"一带一路"倡议的深化落实、朝鲜半岛局势的转圜回暖以及中日韩自贸区建设的快速推进，东北地区的对外扩大开放将迎来爆发式增长①。基于上述背景，研究新形势下日本与东北地区经贸合作的现状和特点，并由此提出推动日本与东北地区经贸合作的思考及建议，对进一步扩大和提升东北地区对外经贸合作的规模、质量和水平，特别是对促进东北亚区域经济合作具有重大的理论意义和现实价值。

---

① 世界银行的统计数据显示，全球前十五大经济体中的中日韩俄四大经济体均集聚于东北亚地区，与北美自贸区和欧盟等区域经济一体化组织相比，其合作优势和未来发展潜力巨大。

一、中国与日本经贸合作现状

从双边贸易看，中国分别在2002年、2007年和2009年赶超美国，成为日本最大进口对象国、最大贸易伙伴国和最大出口对象国[①]。从贸易规模看，2011年，中日双边贸易规模由2010年的2 977.8亿美元增至3 428.3亿美元，增速达到15.1%，日本与中国贸易额占其贸易总额的比重也升至20.6%。但2012年以来，受中日关系恶化、中国国内经济结构调整、产业结构升级等因素影响，中日双边贸易持续走低，连续5年呈下降趋势，双边贸易额年均减少4.2%，如图5-1所示。2017年中日双边贸易终于走出连续5年负增长的困境，贸易额重返3 000亿美元的高点，实现了10.1%的正增长。2018年中日贸易总额同比增速虽有下滑，但仍然呈现明显正增长趋势，达到3 277亿美元。其中，中国对日本出口1 735.4亿美元，增长5.5%，自日本进口1 802.3亿美元，增长9.3%，贸易逆差达66.9亿美元，并进一步扩大。同时，日本对中国出口自2012年时隔6年后超过美国，跃居首位，中日双边贸易额自2007年以来连续12年位居第一，而日本自中国进口额也自2002年起持续17年排名第一。

从双边投资看，中日互为重要投资对象国，但2013年后双边投资规模持续下滑，呈现与双边贸易相同的下降趋势。如图5-2所示，自2013年起日本对中国直接投资连续4年负增长，2017年日本对中国投资32.7亿美元，同比增长5.1%，继4年下跌趋势后首次回升。另《中国商务年鉴2018》统计数据显示，截至2017年年底，日本对中国累计投资额达1 082.0亿美元，在除中国香港地区和英属维尔京群岛外的其他国家和地区中排名第一，占外商投资总额的5.7%。中国对日本的直接投资在2016—2017年开始止跌回升，增长幅度为43.1%和79.8%，2017年中国对日本的直接投资达6.2亿美元，创历史新高。

[①] 根据历年日本贸易振兴机构(https://www.jetro.go.jp/china.html)数据计算得出。

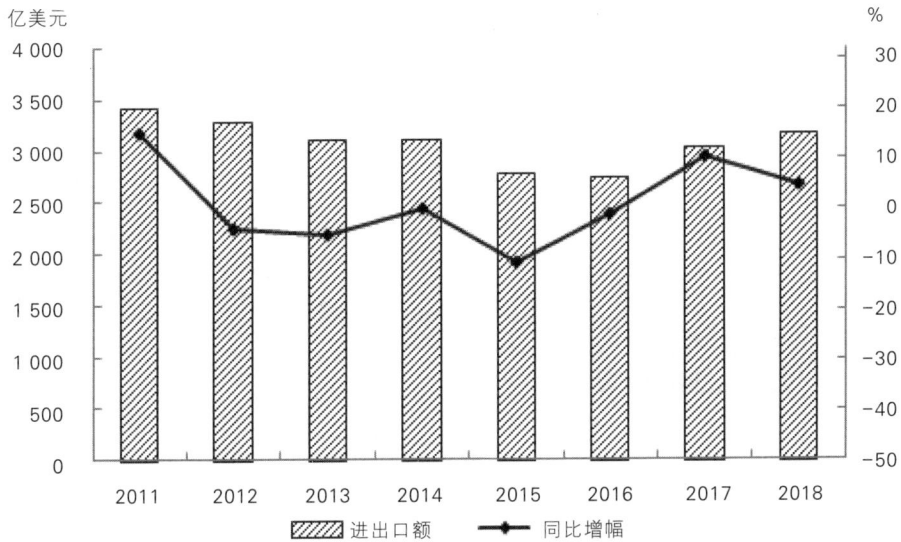

图 5-1　中日双边贸易状况（2011—2018 年）

数据来源：根据国家统计局网站（http：//www.stats.gov.cn/tjsj/ndsj/）数据整理得到。

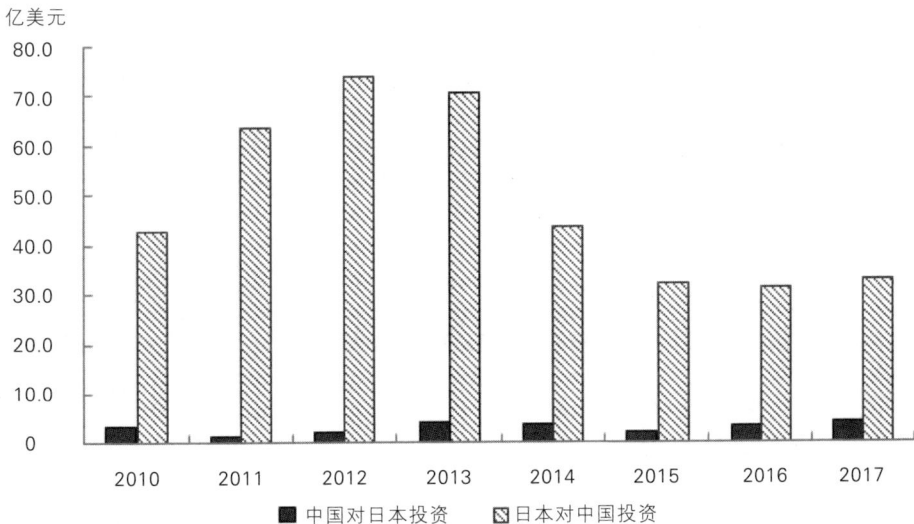

图 5-2　中日双边直接投资对比图（2010—2017 年）

数据来源：根据国家统计局网站（http：//www.stats.gov.cn/tjsj/ndsj/）数据整理得到。

另外，2018年，日本对中国实际直接投资38.1亿美元，同比增长16.5%，在华日资企业达23 094家，在所有国家和地区排名中位居首位。2018年10月至11月日本贸易振兴机构针对在华日资企业开展的问卷调查的结果显示，今后1~2年事业发展的方向是扩张的企业比例达48.7%，这表明随着中国的制造和消费升级，日资企业开始逐渐增强对中国市场的重视和开拓程度，投资意愿也不断提升。

二、日本与东北地区经贸合作现状

（一）日本与东北地区的贸易现状

从贸易规模看。于辽宁而言，日本与其经贸合作的历史较为悠久，同时日本也是辽宁第一大贸易对象。改革开放以来，辽宁与日本的对外贸易得到了较快发展。2000年时，辽宁与日本的进出口贸易总额为72.5亿美元，占当年辽宁对外贸易总额的38.1%，而位居第二位与第三位的韩国和美国则仅占13.0%和10.7%。到2008年，辽宁与日本的进出口贸易总额达到141.8亿美元，其中辽宁对日本出口额为92.6亿美元，占辽宁对外出口总额的22.0%，远高于全国8.1%的水平。2010年，辽宁与日本的进出口贸易总额虽由2005年的105.0亿美元进一步增长至153.4亿美元，但其占辽宁对外贸易总额的比重却由2005年的59.8%下降至19.0%，仅为2000年时相应贸易比重的一半。受"购岛事件"[①]中日经贸关系转冷以及中国对外贸易整体下滑[②]等内外因素影响，2013—2015年，辽宁与日本的进出口贸易总额开始连续下降，由155.9亿美元降至126.5亿美元，同时相较2013年，2015年辽宁与日本的对外贸易增长率也下降了15%。2016年以后，随

---

① 购岛事件是指在2012年9月，日本政府宣布将采取相关措施以"国有化"钓鱼岛。此后，中日经贸关系受到较大影响，据日本财务省贸易统计数据速报显示，日本2012年9月对华出口额较2011年同期大幅下跌了14.1%。

② 2013年后，中国经济开始由高速增长转向中高速增长，经济发展进入新常态。

着中日关系转暖，辽宁与日本的进出口贸易总额开始起底回升，结束了之前负增长的局面。据统计数据显示，2016年辽宁与日本的进出口贸易总额为127.3亿美元，占辽宁对外贸易总额的15.0%，占中日双边贸易总额的4.6%。2017年辽宁对日本出口额为600.0亿元人民币，增长16.2%，中国-日本商务理事会联络办公室（大连）《2017年中日贸易投资合作报告》也表明，2017年辽宁与日本的对外贸易合作指数在全国位居第六，在东北三省中则排名第一。2018年，辽宁自贸试验区建设所带来的贸易便利化等影响使其与日本的对外贸易潜力进一步释放，相应的进出口贸易总额达160.5亿美元，增长率也提升至9.3%。

与辽宁相似，吉林也一直与日本保持着较为密切的经贸合作关系。2000年以来，吉林与日本的进出口贸易规模整体呈先上升后降而后再小幅上升的趋势，虽总体表现为稳步发展，但其与日本的贸易规模却远远不及辽宁。2000—2010年期间，吉林与日本的进出口贸易处在上升区间，相应贸易规模由3.5亿美元增加到28.9亿美元，与日本的贸易占其对外贸易总额的比重也由13.8%提升到17.2%。至2016年，日本已正式成为吉林第三大出口市场、第二大进口来源国和第二大贸易伙伴，当年吉林与日本的进出口贸易总额为17.4亿美元，双边贸易额占吉林对外贸易总额的比重也达9.4%，不仅较2015年提升0.48%，而且明显高于中日贸易额占中国对外贸易总额7.5%的整体水平。2018年，吉林与日本的进出口贸易总额为18.1亿美元，但受积极融入"一带一路"建设以及对俄贸易增速大幅提高等因素影响，吉林与日本贸易额增长幅度较2017年微降了0.8%。

受地缘优势影响，黑龙江的主要对外贸易伙伴为俄罗斯，因而其与日本的双边贸易规模较小，并呈现下滑快、利用日资少和缺乏大项目等特点。2000年，黑龙江与日本的进出口贸易总额仅为2.8亿美元，不足辽宁的1/25，其贸易额占黑龙江对外贸易总额的比重也仅为9.4%。2010年，黑龙江与日本的进出口贸易总额虽由2005年的5.8亿美元上升至6.7亿美元，但其与日本的双边贸易额占黑龙江对外贸易总额的比重却进一步由6.1%下降到2.6%。2011—2015年期间，受中日政治关系长期僵化、黑龙江进出口贸易产品单一及市场竞争乏力等因素影响，黑龙江与日本的进出口贸易总额逐年减少，并持续处于低迷状态。如2011年，黑龙江与日本的进出口贸易额为6.9亿美元，同比增长3.0%；而2012年，相应的进出口贸易额则降至5.6亿美元，贸易增幅更是同比下降18.8%；2013—2015年，黑龙江对日本进出口贸易额进一步由4.3亿美元降至3.3亿美元。2016年，黑龙江对本日进出口贸易额虽同比增长15.2%，达3.8亿美元，但日本已从位列黑龙江前三位的贸易对象下降至前十名以外。2017年，黑龙江对日本进出口贸易额为4.3亿美元，较2016年同期增长13.2%，其中其对日本出口额为1.6亿美元，同比下降9.9%。2000—2018年东北三省与日本进出口贸易规模及其各自占本省对外贸易总额比重情况如图5-3所示。

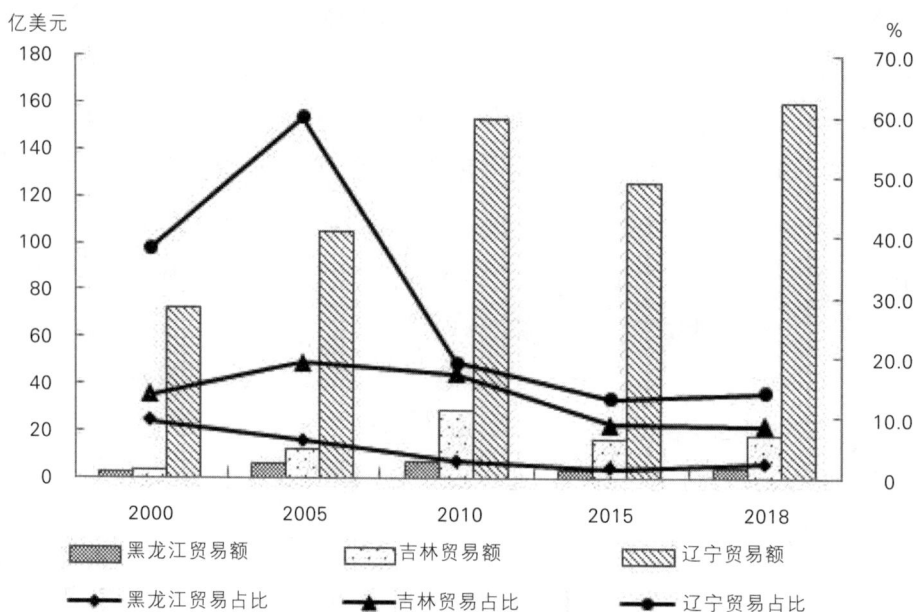

图5-3 东北三省与日本历年贸易总额及占比数据（2000—2018年）

资料来源：根据历年《辽宁省统计年鉴》、《吉林省统计年鉴》和《黑龙江省统计年鉴》整理得到。

注：其中黑龙江与日本的贸易额及占比数据为2017年数据。

从贸易产品结构看。总体而言，东北地区向日本出口的主要产品为原油、木材及木制品、纺织制品、蔬菜以及汽车零部件、计算机零部件等劳动密集型和低技术产品，而日本向东北地区出口的则主要为汽车、发动机及零件、电子管、金属加工机床等资本密集型产品。细化来看，吉林对日本贸易以进口汽车及零部件和高新技术产品为主，并处于对外贸易逆差地位。具体到辽宁，其对日本出口的支柱产品多为机电、钢材、石化和农副产品等，同时辽宁的加工制成品占对日本出口贸易的比例也较大，如2016年辽宁对日本加工贸易进出口总额占其对外贸易总额的比重高达31.2%。上述东北地区与日本贸易的产品结构不仅表明该地区对日本贸易具有较高的外资依赖性，同时突显出日本在东亚分工体系中的核心与上游地位。

（二）日本与东北地区的投资现状

从东北地区来看，日本是辽宁的第二大外资来源国，是吉林外商投资主要来源国，对黑龙江的直接投资也位居前列，而近年来东北老工业基地振兴战略的推进，更为日本企业来华投资发展提供了良好机遇。就投资规模来看，同贸易现状相类似，日本对东北地区的直接投资并不均衡，其对辽宁的投资比重最大且主要采取合资形式，对吉林和黑龙江的投资较少，而日本对辽宁的投资绝大多数集中在沈阳和大连两市。就投资结构来看，基于获取资源和廉价劳动力的考虑，日本对东北地区的投资多以劳动和资源密集型产业为主，并主要集中于机械、金属加工、炼油、IT、纺织、化学等制造业领域。

仅从辽宁而言，日本一直以来都是辽宁的外商直接投资主要来源国家。如图5-4所示，2000年，辽宁实际利用日本直接投资4.5亿美元，占当年辽宁外商直接投资总额的17.6%，日本也成为除中国香港地区和美国外辽宁最大的外商直接投资来源地，同时2000年辽宁还与日本签订外资利用项目281个，合同金额达6.2亿美元。至2010年，日本已超越美国成为除中国香港和台湾地区外辽宁的第一大外商投资来源地，当年其对辽宁的直接投资额由2005年的4.1亿美元大幅上升为12.6亿美元，但其占辽宁外商直接投资总额的比重却由11.4%跌至6.1%。

2015年后，受辽宁经济下滑严重、产业结构调整和人才流失等因素影响，日本对辽宁的直接投资相比2014年下降7.6%，占辽宁外商直接投资总额的比重也较2014年降低6.4%，同时日本作为辽宁第一大外商投资来源国的地位也被新加坡所取代。2016年，日本对辽宁直接投资有所增长，为2.5亿美元，约为日本对上海直接投资额的一半，占比达8.2%且同比增长2.8%，相较之下，新加坡对辽宁的直接投资额则下降了50.0%。截止到2016年，辽宁共有日资企业1 903家，其中超过2/3的企业位于大连，其余较少位于沈阳，在省内其他城市则分布更少。2017年，日本对辽宁直接投资2.9亿美元，比2016年同期增长了17.7%，占辽宁外商直接投资总额的比重也达5.4%。而据日本贸易振兴机构2017年10—11月统计，辽宁日资企业对未来1~2年内的业务发展规划的回答为"进一步扩大"的企业比重由上一年的32.8%增至47.1%，表明日资企业扩大其在辽宁现有业务规模的意愿进一步增强。

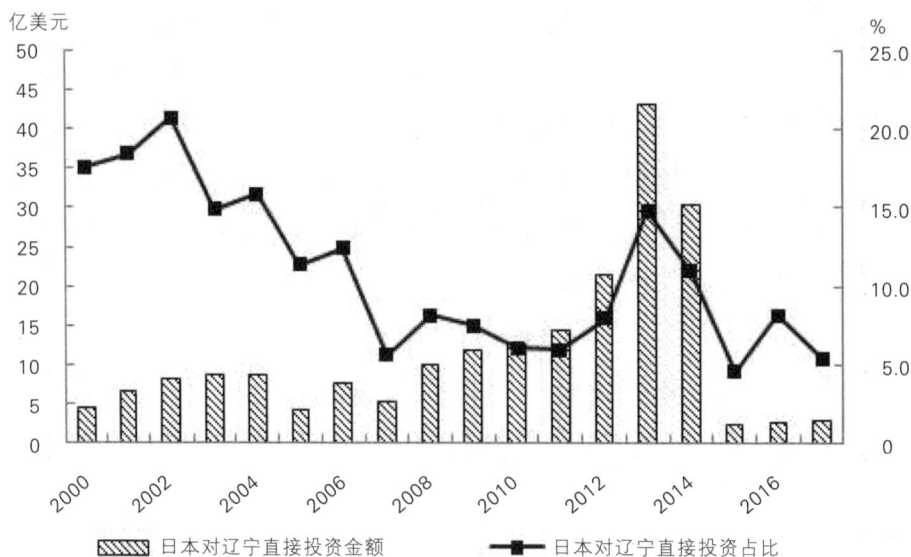

图5-4　日本对辽宁直接投资及其占辽宁外商直接投资总额比重情况（2000—2017年）

资料来源：根据历年《辽宁省统计年鉴》整理得到。

辽宁属于工业大省，故其吸收和利用日资所占比例最大的为第二产业，其中又以制造业、房地产、电力燃气等生产供应产业最为突出。吉林和黑龙江也具有类似特征，在吉林，日本企业多以汽车产业为中心开展大规模投资，日本对黑龙江的投资结构也多以电子、纤维等制造业为主。

（三）日本与东北地区经贸合作的特点

第一，日本与东北地区的贸易投资规模地域差异较大。通过上述对东北三省与日本经贸合作状况的追溯和对比分析可知，日本对东北地区的贸易投资发展不均衡，其与辽宁的贸易比重更大，如2017年日本与辽宁的进出口贸易额达160.5亿美元，分别约为吉林的9倍和黑龙江的37倍。受东北内陆地区零部件产业集群优势较弱和物流成本过高等难题困扰，日本对东北地区的项目投资同样集中在辽宁，且主要流向了沈阳和大连，较少地流向了吉林与黑龙江。

第二，日本与东北地区的经贸合作主要集中在制造业。历年统计数据显示，日本对东北地区制造业的投资约占对辽宁和黑龙江投资总量的50.0%，占对吉林投资总量的70.0%以上。同时，日本对东北地区的投资以生产性企业为主，较多地涉及电子、机械、服装部门及工艺品等轻工产品的生产与加工。相较之下，日本在上海等地的投资领域正逐渐由制造业向金融、物流和批发零售等非制造业领域扩展，因此以上海等日资企业集中地为对照标杆，这一特征尤为明显。

第三，日本对东北地区的贸易投资具有资源和劳动密集型属性。东北地区虽具备日资企业发展所需的人才、配套设施和文化条件，但受"雁形经济"产业转移格局以及日本在东亚产业分工体系中的资本和技术比较优势影响，其对东北地区的贸易投资主要集中在金属加工、纺织等资源和劳动密集型产业。日本对上述部门的投资不仅技术转让成分较低，而且占东北地区产业环境污染的比重较高。

三、推动日本与东北地区经贸合作的思考及建议

2013年"一带一路"倡议提出时，日本政府基本持不看好、不参与甚至不

支持的态度①，但随着"一带一路"建设和亚投行构想的有序推进，日本政府对"一带一路"倡议的态度发生了重大转变，从抗拒猜疑转向积极参与。2018年5月，李克强总理出席第七次中日韩领导人峰会并访问日本，10月日本首相安倍晋三带领约500名日本商界领袖访华，中日两国从官方到民间接触增多，经贸合作出现回暖迹象。与此同时，朝韩领导人会晤促使半岛局势趋缓，日本同俄罗斯会谈并希望缔结友好条约，东北亚经济形势发生了重大变化。东北亚区域局势趋缓为东北地区推进与日本经贸合作、全面融入"一带一路"建设、强化开放型经济建设提供了良好契机。2019年6月，习近平总书记出席G20大阪峰会时发表重要讲话，强调中国将进一步推出若干重大举措，加快形成对外开放新局面，努力实现高质量发展。在国家重大战略的引领下，东北地区将以更大程度的开放拥抱发展机遇，以更好的合作谋求互利共赢。在当前东北地区与日本经济发展的重要转折时期内，双方在资源、资金、投资和市场以及产品、产业结构等方面的互补性，也为双方经贸关系发展奠定了重要基础。由此，为进一步拓展释放东北地区与日本的经贸潜力，加速其与日本合作，强化该地区开放型经济建设，可考虑从以下几个方面入手：

第一，应抓住当前中日关系改善的良好机遇，利用JETRO等重要机构加大对日本宣传、招商引资和产业合作的力度，吸引日本高端制造业和服务业落户东北地区。目前JETRO在大连等多地设有办事处，其每年发布调查统计数据和分析报告，通过提供中国政策及市场分析、经贸活动动态、营商环境调查和会展服务等，为日本企业在华开展业务提供了强有力的支持。同时，中国企业在日本设立业务点时，JETRO对日投资·商务支援中心（IBSC）也为其提供相应的税务咨询、服务提供商介绍等支援服务。因此，为快速推进与日本的经济合作交流，东北三省应充分利用JETRO大连办事处等重要平台机构发声，向日本企业界讲

---

① 施锦芳,赵霞. 新形势下扩大中日经贸合作的思考——基于日本对"一带一路"倡议的态度变化[J]. 东北财经大学学报,2018(6):37-45.

好中国"一带一路"建设故事。在举办招商引资等活动吸引日本企业时，除介绍多种投资政策优惠外，东北地区各省政府还应该重点向日本企业宣传沈阳、长春、哈尔滨等内陆中心城市的辐射带动作用、市场消费规模及投资潜力等，由此掀起对日招商引资的新高潮。

第二，坚持扩大开放市场，进一步吸引日本优质产品和服务进入中国，特别是东北地区市场。建议在东北地区尽快召开"东北亚国际进口博览会"。2018年11月首届中国国际进口博览会在上海开幕，习近平总书记在开幕式上发表《共建创新包容的开放型世界经济》的主旨演讲，强调开放合作是增强国际经贸活力的重要动力。目前，中日贸易及东北地区与日本的贸易投资合作均处于不平衡状态，为促进贸易双向平衡，在扩大装备制造等产品出口的同时，东北地区也应注重扩大从日本进口，并同时注重提升进口产品质量。今后，辽宁应充分发挥其自由贸易试验区、跨境电子商务综合试验区等平台优势，发展贸易新业态，吸引更多销售日本商品的电商平台落户自由贸易试验区。充分利用自由贸易试验区的贸易便利化措施，如利用海关特殊监管区域大力推进与日本的进出口贸易。吉林和黑龙江则应更多以融入"一带一路"建设和东北老工业基地振兴为契机，实现其生产要素优化配置，加强物流基础设施建设，优化投资软环境，促进吉林和黑龙江与日本的经贸合作，进一步提升合作效率，释放合作潜力。

第三，发挥"一带一路"建设的桥梁和纽带作用，充分挖掘中国企业在生产要素上具备的优势，推动其与日本企业结成伙伴关系并携手投资"一带一路"沿线地区，实现合作三赢和多赢。长期以来，日本同中亚、欧洲开展经贸合作存在的"孤岛问题"制约了日本与亚欧大陆的经贸往来，而现有的"一带一路"合作模式使日本可经由中国加强与亚欧大陆互联互通，减少参与大陆国家合作的经济成本，增强其经济辐射能力。研究表明，当前日本与"一路"沿线地区的经贸往来远超"一带"沿线地区，中国应抓住中日在"一带一路"沿线第三方市场的合作机遇，充分发挥中国作为大陆国家的区域地缘优势和"一带一路"的桥梁作用，以中日两国企业为主体推进在"一带一路"沿线特别是"一带"地区合作开发项目；并可优先考虑在东北亚地区开展基础设施、高端制造、产业升级等方面的合作，选取规模大、影响力强的合作项目作为样本，向更多地区和更多领域推广和拓展。例如，在基础设施领域，借助大连港集装箱码头开通国内首条直达斯洛伐克的中欧班列，并实现回程班列常态化运行，全面推进海铁联运，保障日本海运货物顺利转场铁路运输，为中日企业提供更多商机。

第四，加强与日本优质产业对接，着重推动在"旅游+医疗+养老"和节能领域的合作，推进现代服务业发展。我国改革开放40多年来，居民生活水平改善推动消费升级，具体体现在旅游、医疗、养老等现代服务业领域市场需求的提升和人民对绿水青山的向往上。而日本在观光经济、医疗养老、节能等领域拥有大量优质资源和丰富经验。2018年10月安倍晋三访华期间，中日两国企业围绕上述领域签署了多项合作协议，未来医疗保健、看护养老和节能将是中日合作的重点领域。东北三省应吸引并利用日本优质医疗养老服务业资源①、清洁能源和垃圾分类处理经验，定向对接日本新兴产业链，推动现代服务业和节能等重点领域的进一步开放，并优先在东北部分地区发展深度开放、服务配套、产业聚集等多重效应叠加的现代医疗养老服务中心和节能产业合作园。

---

① 近10年来，东北地区劳动力人口负增长情况严重，加上出生率全国垫底、老龄化程度全国最高，人口形势堪忧。仅就辽宁省来看，据国家统计局数据，2018年辽宁出生人口27.9万人，出生率6.39‰；死亡人口32.3万人，死亡率7.39‰；人口自然增长率为-1.00‰，自2011年以来连续8年负增长。

构建"一带一路"框架下东北经济区陆海内外联动开放合作新格局

杨臣华
内蒙古自治区发展研究中心主任、研究员

东北振兴正处于滚石上山、爬坡过坎的关键节点，全面提升开放水平是其制胜的关键一招。目前东北地区对外开放层次和水平较低，沿边沿海开放和陆海内外联动优势尚未有效发挥。从国家战略和全局高度出发，在"一带一路"框架内，根据地缘走向，依托国际国内陆海大通道，以沿线城镇群和各类开发开放平台为支撑，推动东北经济区（辽宁省、黑龙江省、吉林省和内蒙古自治区）陆海内外联动、东西部双向互济和区域经济一体化发展，对于构建我国大北方改革开放新空间、新格局，实现东北经济区全面振兴和"五位一体"高质量发展具有重要意义。

一、总体思路

以习近平新时代中国特色社会主义思想为指导，贯彻落实习近平总书记在深入推进东北振兴座谈会上的重要讲话精神，按照新时代东北全面振兴、经济社会文化生态高质量发展的总体要求，坚持新发展理念，发挥区域战略定位和区位战略节点等优势，深度融入"一带一路"建设和京津冀协同发展、长江经济带发展、粤港澳大湾区建设，以东北经济区陆海内外联动为主线，以东北区域经济一体化发展为重点，以培育形成东北经济区陆海内外联动、东西部双向互济新动能为抓手，以推动构建我国大北方全面改革开放新空间和新格局为目标，共推绿色产业协同发展、基础设施互联互通、创新要素共建共享、生态文明共建共治，共同打造我国向北开放的桥头堡和东北亚合作中心枢纽，共同推动东北经济区走出一条符合战略定位、区域特色，以生态优先、绿色发展为导向的高质量发展新路子。

二、功能定位与空间布局

东北经济区的功能定位是：成为我国重要的经济发展带动极、我国高水平开放合作新高地、我国北方重要生态安全和边疆稳定屏障。东北应统筹对内对外开放两个大局，在共建"一带一路"框架内，面向中蒙俄经济走廊和东北亚，充分发挥东北经济区沿海沿边优势和辽宁、黑龙江自贸区优势，依托陆海联运大通道，形成"四横、两纵、四带"的网格化发展新格局，推动构建我国大北方改革开放带动圈、中蒙俄经济走廊自由贸易区、中日韩自由贸易区。

"四横"，即四个横向发展轴。

共建满洲里—绥芬河发展横轴。依托呼（伦贝尔）哈（尔滨）交通运输大通道和满洲里、绥芬河对俄跨境运输通道，充分发挥满洲里市、绥芬河市的对俄开放桥头堡作用和满洲里、绥芬河口岸的对俄开放优势，强化齐齐哈尔和海拉尔的区域重要节点城市功能，积极推动沿线牙克石、新巴尔虎左旗、根河与大庆、牡丹江、绥芬河市等节点城市协同开放发展，加快发展木材和有机农畜产品等进口资源精深加工、能源、绿色农畜产品加工等主导产业和新材料、大数据、装备制造、生物制药、光伏发电等新兴产业，大力发展文化旅游产业，共同建设"满洲里市—海拉尔区—齐齐哈尔市—大庆市—哈尔滨市—牡丹江市—绥芬河市"内外联动的内外开放发展轴，向东联动东北东部经济带，向南北有效对接中蒙俄经济走廊和沿边开发开放经济带。

共建阿尔山—珲春发展横轴。充分发挥长春中心城市的辐射带动作用和阿尔山对蒙口岸、珲春对俄口岸优势，推进中国图们江区域（珲春）国际合作示范区和长吉图开发开放先导区建设，推动乌兰浩特市、阿尔山市和白城市、吉林市、延吉市、龙井市、珲春市等城市联动发展，加快发展现代农牧业、绿色食品加工、蒙中医药、冶金机械、文化旅游及其纪念品加工等主导产业和口岸经济，培育新材料、清洁能源、信息技术、节能环保等新兴产业，壮大文化旅游、现代物流、商贸流通、健康养老等服务业，积极推动中蒙阿尔山至乔巴山铁路通道建设，共同建设"阿尔山市—乌兰浩特市—白城市—长春市—吉林市—延吉市—图们市—珲春市"陆海联动的内外开放发展轴，有效对接中蒙俄经济走廊、沿边开发开放经济带、东北东部经济带和图们江大通道建设。

共建霍林郭勒—丹东发展横轴。依托二连浩特口岸、丹东港，充分发挥霍林郭勒市、扎鲁特旗和本溪市、抚顺市、铁岭市等重要节点城市的支撑作用，加快发展"煤-电-网-铝-加"循环经济、新型煤化工、绿色农畜产品加工、蒙中医药等主导产业和现代农牧业，培育新能源、铝新材料等新兴产业，发展文化旅游、商贸物流、金融等现代服务业，共同建设"霍林郭勒市—扎鲁特旗—沈阳市—本溪市—丹东市"陆海联动的内外开放发展轴，有效对接沿边开发开放经济带、辽宁沿海经济带、东北东部经济带、京沈经济带和沈阳经济区建设。

共建锡林浩特—锦州发展横轴。依托二连浩特口岸、锦州港，充分发挥锡林浩特市、赤峰市、朝阳市、锦州市等重要节点城市的支撑作用，推进锡林郭勒盟、赤峰市与辽宁省朝阳市、锦州市共同打造辽蒙海陆合作实验区，加快发展有色金属、新型化工、绿色农畜产品加工等主导产业，发展壮大清洁能源、新材料生产加工、云计算、生物制药、节能环保等新兴产业，以及文化旅游、商贸流通、金融、电子商务等服务业，共同建设"锡林浩特市—赤峰市—朝阳市—锦州市"陆海联动的内外开放发展轴，有效对接沿边开发开放经济带和京沈经济带、辽宁沿海经济带建设。

"两纵"，即两个纵向发展带动轴。

共建哈尔滨—长春—沈阳—大连发展带动轴：依托哈（尔滨）长（春）沈（阳）大（连）交通运输大通道，发挥沈阳经济区和三大城市群辐射带动作用，推动沿线重要节点城镇、产业和人口集聚，增强对四个横向发展轴的腹地支撑和辐射带动作用，共同建设面向中蒙俄经济走廊和东北亚的具有较强竞争力的城市群和产业集聚带，向南连接国家高铁沿海纵向通道和京哈—京港澳南向陆海通道，向西延伸连接京沈和呼包鄂乌经济带，密切与京津冀、长江经济带、粤港澳大湾区和内蒙古中西部的经贸联系。提升哈尔滨的东北地区重要中心城市的功能，发挥其在对俄合作中的枢纽作用，将其建设成为东北亚区域重要的商贸中心和交通枢纽；强化长春的科技创新和综合服务功能，将其建设成为东北地区重要的中心城市、东北亚区域重要的物流枢纽中心、高新技术产业基地、创新基地和科教文化名城；完善沈阳的东北地区中心城市的功能，提升城市的创新带动作用，吸引国际高端生产要素聚集，将其建设成为东北亚商贸物流服务中心和具有国际竞争力的先进装备制造业、重要原材料和高新技术产业基地；充分发挥大连作为东北地区对外开放龙头的作用，加快大连东北亚国际航运中心、国际物流中心、区域性金融中心和现代产业聚集区建设。

共建赤峰—通辽—齐齐哈尔发展带动轴。依托赤（峰）通（辽）、齐（齐哈尔）交通运输大通道，突出赤峰、通辽等区域重要节点城市的地位，支持通辽市与辽宁省铁岭市、吉林省四平市开展协同创新，增强喀喇沁旗、奈曼旗、科尔沁左翼中旗等的多点支撑能力，积极推进与黑龙江省的泰来县、吉林省的白城市等邻近节点城市的联动发展。推动有色金属、新型化工、玉米生物、绿色农畜产品加工、医药、建材、纺织等传统主导产业优化升级，培育发展新能源、新材料、大数据、现代蒙医药、节能环保、信息技术等新兴产业，创新发展文化旅游、现代物流、商贸流通、金融、文化等现代服务业，共同建设"赤峰市（主城区和喀喇沁旗）—奈曼旗—通辽市（主城区）—科尔沁左翼中旗—白城市—齐齐哈尔市"东西互济的开放发展轴，联通赤（峰）通（辽）经济带，有效对接京津冀地区，向东融入东三省，向西连接呼包鄂乌经济带。

"四带"，即四个经济支撑带。

共建沿边开发开放经济带。依托满洲里、二连浩特、丹东、东宁、绥芬河、抚远、黑河、集安、珲春等重点口岸，完善国家开发开放试验区、边民互市贸易区等多层次沿边开发开放平台，发展壮大泛口岸经济，深化与俄罗斯、蒙古国、朝鲜等周边国家的经贸合作和人文交流，推动沿边地区与东北腹地、沿海地区联动开发开放，促进国际国内两种资源、两个市场统筹利用。

共建辽宁沿海经济带。充分发挥区位、港口和先发优势，整合沿海港口资源，突出大连东北亚国际航运中心、国际物流中心、区域性金融中心的带动作用，构筑以锦州为核心的辽西中心城市及内蒙古东部盟市出海口，打造以营口节点城市为核心的沈阳经济区出海口，建设以葫芦岛为核心的对接京津冀协同发展战略先行区，发展海洋经济，打造具有国际竞争力的临港产业集群，打造引领东北经济区陆海内外联动开放的重要经济带。

共建东北东部经济带。依托佳木斯—牡丹江—敦化—通化—沈阳等东北东部铁路和东北东部高速公路，实施创新驱动增长带动战略、东北亚国际合作核心区战略和绿色城市带动战略，打造东北经济区重要带动增长极。

共建京沈和呼包鄂乌经济带。依托京沈高铁和即将通车的京张、张呼高铁等交通运输通道，以沈阳为枢纽衔接和贯通哈大、沈丹、丹大、长珲、哈牡、哈佳、哈齐、长白乌和即将开工的沈阳至白河等9条高速铁路和通辽至京沈高铁连接线、赤峰至京沈高铁连接线，向南联通呼（和浩特）包（头）鄂（尔多斯）乌（兰察布）经济带，有效拓展东北地区和内蒙古中西部丰富资源与优质产品的输出通道，打造联动沈阳经济区、呼包鄂乌经济带乃至东北经济区和京津冀协同发展经济区联系的重要发展带动带。

三、对策与举措

1.协同发展绿色产业：协同发展现代能源经济，着力推进资源型产业绿色转型；协同培育新兴产业，着力发展现代服务业、泛港口经济和口岸经济。

2.互联互通基础设施：共建综合交通运输网络和能源、水利、信息网络等现代基础设施。

3.共建共享生产要素：共建区域科技创新体系，共建统一的人力资源市场、统一的资本市场，进一步优化区域营商环境。

4.深化区域合作机制：建立陆海内外联动开放领导制度和协调机制、推进机制，建立贸易和投资便利化新机制。

5.共推共建生态文明：共筑祖国北方生态安全屏障，合力打好污染防治攻坚战，共建生态文明建设示范区。

四、争取国家的政策支持

一是争取国家支持东北经济区陆海内外联动开放上升为国家战略。

二是争取国家支持东北经济区开发开放平台建设，推动建立中蒙俄经济走廊自由贸易区、中日韩自由贸易区，有效连接长江经济带、粤港澳大湾区，推进东北自由贸易区与国内"18+1"自由贸易区互动互联。

三是争取国家加大对东北经济区的项目和资金支持。

四是争取国家出台支持东北经济地区扩大对外开放的市场准入政策和发行地方政府专项债券。

五是争取国家支持东北经济区创建国家生态文明示范区和中国制造创新驱动示范区。

第六篇

农村金融与东北乡村振兴

大力发展农村金融，
助力农业产业发展

李春生
十三届全国人大农业与农村委员会副主任委员，国际合作社联盟副主席、亚太地区主席，中国供销合作经济学会会长

党的十九大正式提出了"五位一体"的乡村振兴战略，并将其作为新时期三农工作的总抓手统筹城乡区域发展。乡村振兴战略提出以后，2018年中央1号文件对战略实施的政策框架和政策体系做了一系列的具体部署。2018年9月，党中央下发了《国家乡村振兴战略规划（2018—2022年）》，即乡村振兴2018—2022年的第一阶段发展规划。2019年9月初，党中央又下发了《中国共产党农村工作条例》，现在全国人大正在酝酿起草《乡村振兴促进法》。全国各地都相应制定了本区域乡村振兴战略规划，上上下下都在大力推进乡村振兴战略的实施。2019年上半年，中国人民银行、银保监会等五个部门又联合下发了《关于金融服务乡村振兴的指导意见》，提出了三个体系，即创建市场体系、组织体系、产品体系，进一步促进农村金融的资源回流。

在这样的大背景下，围绕农村金融如何助力乡村发展这一主题进行广泛研讨，十分必要，也非常重要。

一、乡村振兴离不开农村金融的助力和支撑

实施乡村振兴战略——无论是进行产业振兴还是环境整治，无论是实现基础设施建设还是乡村治理、农民的增收，都有旺盛的资金需求，都必须解决一个关键的问题，就是钱从哪里来。除了国家财政投入之外，更重要的是要依靠金融的助力和支撑。

近几年我们国家的金融改革不断深化、不断发展，农村金融发展的层次和水平都得到了有效提升，可以说农村金融在促进农村的发展中发挥了举足轻重的作用，其主要有以下特点：

第一，普惠金融得到较快发展，贷款余额超过33万亿元，同比增长5.6%。农村金融组织体系不断完善，逐步形成了包括银行业金融机构、非银行金融机构和其他微型组织在内的多层次、广覆盖、适度竞争的农村金融体系。截止到2018年年底，农村村镇银行超过1 600家，小额贷款公司超过8 000家，基础金融服务已覆盖了接近60万个行政村，覆盖率超过了90%。

第二，农村金融产品的服务方式加快创新。近年来，金融机构的金融产品从传统的存款、汇款、通存通兑，逐步拓展到农户的联保贷款、农户担保抵押贷款、专业合作社贷款、惠农卡等多种形式，有面向普通农户的金融服务，也有面向农村农业各类经营主体的金融服务，还有各类农业产业的发展项目和扶贫、助农项目的贷款安排。从服务方式来看，金融机构积极探索扩大抵押的担保范围，开发了集体林权的抵押贷款、大型农机具抵押贷款、"信贷+保险"等创新的经营模式，也取得了不错的效果。

此外，近年来随着互联网技术的深入普及，通过互联网渠道和电子化手段开展金融业务的互联网金融发展较快，互联网金融业态也在快速涌现，并出现一些有益的探索。目前可以说农村金融在强农、惠农、富农、推动乡村振兴发展方面发挥了重要的助力和支撑作用。

但是，实事求是地讲，农村金融仍然是我国金融体系的短板。尤其在农业农村各项事业快速发展的今天，农业经营主体旺盛的资金需求还难以得到有效的满足。也可以说，农村金融发展滞后仍然是制约农业现代化的瓶颈和障碍，与乡村振兴的总体要求仍不适应。这在东北地区表现得尤为明显，主要体现在三个方面：

一是金融体系不健全。国有商业银行的重心在城市，农村网点比较少，农信社改为农商行，服务三农的功能弱化，村镇银行、小额贷款公司规模还比较小，农村资金互助组织还没有明确的法律定位，服务三农的作用还没得到有效发挥。

尽管这些年，国有银行机构和商业银行机构都设立了普惠金融部门，或专司农村金融的部门，但银行的信贷业务和农村信贷的风险控制机制、激励约束机制没有实行差别化对待，这就很难调动这些部门的积极性，作用发挥得还不够。

二是农村金融的产品供给不足。高风险、低收益是农村金融产品的典型特征，也是农村金融产品需要解决的瓶颈问题。广大农村地区，特别是东北地区，农业生产受季节、天气等条件影响较大，风险也较大，从事农村金融的产品附加值并不是很高，金融机构在向农村、农户发放信贷时所投入的人力、物力、财力远比投放在城镇的项目多得多，但回报却并不是很高，这在一定程度上影响了金融机构在农村发展的积极性，客观上也造成了农村金融资源流向城市的现实。

中小企业和小微企业的贷款情况一定程度上反映了农村新型经营主体的贷款和融资情况。目前中小企业发展面临的最直接的难点还是贷款难、贷款慢、贷款贵。中小企业协会的调查显示，现在有85%的中小企业的自有资金占一半左右，40%左右的中小企业难以得到银行的贷款，许多企业更是依靠民间借贷解决资金缺口。一些金融机构给中小企业提供贷款，实际上利率往往在基准利率上再上浮，还有一些附加条件，这在一定程度上推高了企业经营成本，降低了企业的经济效益。

目前金融机构对中小企业的风险偏好可以说还没有大的改观，2018年农业农村部的一项调查表明，现在农村新型经营主体对贷款需求的满意度并不是很高，各类经营主体的资金缺口超过30%，全国8.7万家大型龙头企业中有1 234家国家级龙头企业都有不同程度的资金缺口。

三是农村金融服务针对性不强。农业信贷有小、快、短、平的特点，当前各类金融机构做了很多探索，但是农村信贷对象缺乏有效的抵押物，还有征信信息不全、金融服务发展条件较差等不利因素。另外，真正适应农村金融需求的产品种类还不是很多，还不能有效地发挥农村金融助力乡村振兴的作用，这些问题必须认真应对，妥善地加以解决。

二、农村金融助力乡村振兴需要把握好的几个问题

（一）依靠金融支撑，切实做优做强农村产业

为实体经济服务是金融的天职，没有金融的服务，农村产业发展就缺乏有力的支撑，而产业发展不起来，实体经济弱，金融也很难发挥有效的作用。从这个角度来看，二者是互相促进、互为因果的关系。产业兴旺位于乡村战略的"五位一体"之首，是乡村战略实施的重点和关键，也是解决农村一切问题的基础和前提。没有产业的兴旺，我们要实现乡村的全面振兴就没有源头和活水。东北发展农村产业的潜力和空间是非常大的，如辽宁发展的六大产业——粮油、蔬菜、水果、畜产品、水产品、农业特色产品——都有比较优势，完全可以做大做强，形成产业规模。

2019年6月，国务院印发了《关于促进乡村产业振兴的指导意见》，对乡村产业振兴做出了全面的部署，明确了一系列具体的政策和举措，提出了具体要求。

第一要明确产业发展的定位。根据自身的资源禀赋、客观条件，选好有区域特色、有市场竞争力的产业，做好产业发展规划，明确方案路径，将人才、资金及相关资源要素集中配置，把产业真正发展起来。

第二要注重经营主体的引领。现在产业能发展、发展得好，要有龙头企业的参与、带动和引领。全国有8.7万家龙头企业，还有7.9万家农产品加工企业，已经形成了一定规模的农村产业发展经营载体，还应积极地激励引导企业参与、带动和引领。

第三要注重合作社的组织带动作用。农村产业发展的有效经营组织模式一般都是"龙头+合作社+农户"，应形成一个管用、有效的产业发展组织载体。

第四要注重相关产业融合发展。产业融合对于产业高质量发展非常关键。具体来说，相关产业融合发展通过产业的联动、要素的集聚、技术的渗透、业态的创新、体制机制的创新等，将人才、资本、技术等资源要素进行跨产业集约化配置，逐步形成产业发展的新业态、新模式、新动能。它要求的水平、层次更高，内涵外延更丰富，可以说，它是以往产业融合发展的更高级形态和升级版，是农业供给侧结构性改革、产业转型升级的发展趋势。

第五要积极参与现代农业产业园区建设。目前，全国已建立了四批国家级现代农业产业园，总数达到114家，各省已建设了1 000多家省级现代农业产业园，还有一大批县级农业产业园，现代农业产业园作为产业发展的重要载体至关重要。

第六要注重品牌的培育和创建，以品牌战略引领农村产业的发展。产业发展起来了，做优、做强了，为农村金融发展壮大奠定一个好的基础和条件，金融服务就有了更加宽广的空间和舞台。

（二）加快完善农村金融服务体系

发展农村金融，一方面要通过差异化的政策，激励大型商业银行、农商行以及社会金融机构，提升基础金融的覆盖面，在推动城乡资金方面下功夫，发挥应有的作用；另一方面要加快发展各类新型农村金融服务组织作为有益的补充。

从目前的实践来看，农村新型服务组织，如村镇银行、小额贷款公司、资金互助社发挥了有效的补充作用，应该积极地鼓励其发展。比如，近些年来依托农村合作社开展的资金互助，在生产合作、流通合作的基础上推动信用合作，较好地解决了农村经营主体小额融资的需求，在缓解融资难、融资贵方面发挥了很好的作用，也为农村合作金融的发展奠定了一个好的基础。在这方面，我们应该借鉴日韩发展合作金融的一些经验。合作金融在国外是非常普遍的一种金融形式，从东亚、南亚到欧洲、美洲，都可以看到合作金融的发展。它是商业金融的有效补充，所以这方面发展的空间和潜力也是非常大的，应该引起重视。

（三）加快农村金融产品的创新，提高金融服务的针对性

在这方面要积极拓宽农业农村抵押质押物的范围，形成全方位、多元化的农村资产抵质押融资模式，帮助新型农业经营主体和农户解决生产设备的购置、更新资金不足的问题，推动新技术在农村的推广，创建新的信用评价模式，做好信贷发放和风险防控。

（四）发挥金融机构的优势，形成农村金融工作的合力，助推农村金融的发展

金融服务涉及各个方面，要充分发挥好银行机构、担保机构、保险机构的协同作用，农村金融不同于城市金融，从某种程度上来说，其具有一定的公益性。因此，应对农业金融贷款风险给予合理的补偿，激励金融机构将业务投入乡村，探索建立产业扶贫的风险补偿基金、农业贷款的风险补偿基金，通过税收补贴等政策补偿金融机构的额外风险，如一些不可抗拒的、非自身经营的额外风险，对银行机构应采取差异化的信贷政策，引导金融机构创新，打造适应农业、农村、农民需求的普惠金融产品，为农村金融，特别是普惠金融发展创造良好的环境和条件，将更多的金融资源引入农业和农村，服务三农。

同时也要充分发挥担保机构的风险分散作用，开发更多适合农村信贷特色的担保产品，扩大政策保险的范围，开发可覆盖农业生产各环节的保险产品，引导商业保险机构进入农业保险市场，增加其保险业务能力。

金融助力乡村振兴的
路径解析

何广文
中国农业大学经济管理学院教授、博士
生导师，农村金融与投资研究中心主任

从目前的情况来看，有一个很有趣的现象，不管是发达地区还是欠发达地区，除了极个别的贫困县以外，每个县都有比较多的金融机构，金融供给总量也不缺。那是不是能够得出"机构不缺，总量也不缺"的结论呢？从学术的角度观察会发现，有些地方金融需求满足率特别是信贷需求满足率还比较低。既然从不同角度得出了不同的结论，要把这个问题研究清楚还是要从需求出发，看是怎么供给的，看这种供给是否能够满足需求，再寻找完善的路径。

要研究助力乡村振兴的金融服务，首先需要搞清楚：乡村如何振兴？它的模式是什么？金融需求在哪里？怎么来服务？在现有的模式下是否能够满足这些需求？怎么来完善？

对于乡村振兴，党的十九大报告指出，农业、农村、农民问题是关系国计民生的根本性问题，必须始终把解决好三农问题作为全党工作的重中之重；并提出坚持农业农村优先发展，实施乡村振兴战略。2018年1月2日，国务院公布了2018年中央一号文件《中共中央 国务院关于实施乡村振兴战略的意见》（以下简称《意见》）。随后，《乡村振兴战略规划（2018—2022年）》（以下简称《规划》）发布。这个规划实际上要求乡村振兴要分三步走，是一个30年的发展规划。

对于《规划》的要求，我们要清楚，不管是产业兴旺，或是乡风文明、生活富裕、生态宜居、治理有效，都会产生资本投入需求。这种投入的来源无外乎私人资本、社会资本、金融资本。社会资本和私人资本是有限的，所以还需要插上金融的翅膀，乡村振兴不能不依靠金融。

乡村振兴的主体是农户。在乡村振兴的过程中，有些地区出现了政府主导的状态。一讲到乡村振兴，大家都在搞旅游开发、农旅结合。在这个过程当中，特别是在农旅结合过程中，出现了政策之间不协调的问题。政策一方面要保护耕地，另一方面要搞旅游开发，这里面就存在一定的矛盾。另外，在这个过程中，似乎农户被边缘化了，好像这是政府的事、是开发商的事、是工商资本的事。在项目推进过程中，农户做得比较多的都是被动参与，因为投资比较大，项目主要靠工商资本拉动。

乡村振兴的基础是产业兴旺。根据我的研究和调研，产业振兴要处理好是发力粮食相关产业还是非粮产业的问题，但在农村产业结构调整过程中，有些地方一讲农村产业结构调整，就要发展非粮产业。党的十八大以来，习近平总书记高度重视粮食问题，他强调"中国人的饭碗任何时候都要牢牢端在自己手上""我们的饭碗应该主要装中国粮"。《意见》中也明确指出要发力粮食相关产业。因此，如何在粮食相关产业和非粮产业之间取舍，是农村产业结构调整需要处理好的重要问题。

根据我的调研和归纳，乡村振兴有六大模式："一二三产业融合发展""互联网+农业电商平台""田园综合体模式""延伸产业链模式""工商资本推动型""农业+特色小镇"。这些模式在不同的地区都有体现，具体形式不一样，发展层次也不一样，很值得研究。例如，无锡的"东方田园"就是田园综合体模式的代表，它依靠大资本推动，依托的是无锡、上海一带强大的消费者群体。但很多地方是没有这样的条件的，一些地方也形成了其他形式的田园综合体。当然对于什么是田园综合体、怎么做田园综合体，大家还需要研究。

另外，农业的发展不能不依靠大户、能人，不能不依靠工商资本，绝大多数小农户或者贫困农户仅仅是劳动力，很难成为创业者、企业家。对于绝大多数小农户、贫困户，对他们的最优扶持就是让他们有稳定的就业。所以，农业的发展、农村产业的发展，需要依靠工商资本、依靠能人、依靠大户。但我们要研究怎么依靠能人、依靠大户、依靠工商资本。工商资本进入农业，有成功模式，也有失败案例，关键是要处理好与土地、与农户之间的关系，这里面有很多模式值得深入探讨研究。

乡村振兴的金融需求到底在哪里？金融需求除了主要来自产业振兴以外，还体现在以下几方面：

第一，传统产业的规模化。传统产业规模化主要是农业、养殖业等的适度规模化，这是现在农村鼓励农民返乡创业很重要的方面。农业适度规模化是农村未来发展的必然趋势。应研究农业适度规模化，以及在此基础上的专业化、产业化、合作化。现在在专业化基础上的创业需求越来越突出。农民在外务工，有了一定的技术积累和资本积累以后回乡创业的越来越多。但我们要注意农村领域的创业有一个很重要的特征，即技术构成相对较低，重复创业、创业模式雷同的情况比较突出。

第二，现代农业发展已经不是片面做大的问题，而是如何做优、做强、做特的问题。我国农产品市场供求已经基本均衡，农业发展的约束已经不是各种生产要素的组合问题，也不是劳动力、资金和技术的约束，主要是市场约束、需求约束。我们首先要解决产品生产出来以后怎么卖的问题。人们每天都要吃饭，农业是一个支柱产业，政府应出台更多好的政策措施激励农业创业。事实上，比较多的农产品基本处于供求均衡的状态。在这种情况下，农产品和其他产品还不一样，它的供需没有办法通过简单的经济学原理、价格原理来解释。一般产品供给多了，价格就会下降，需求可能上升，进一步拉动投入和生产的增长。但是对于农产品，这个原理可能不太适用，生产多了价格可能下来了，但是消费量不一定能上得去，这就是农产品的特征。

第三，传统产业的技术升级。我国经济和社会已经有了较大的发展，到了应该关注弱势、关注细节、关注未来的阶段。关注弱势就是要关注发展的包容性，整个社会要包容性地发展，使弱势群体也有机会共享增长。关注细节，就是要注重质量、注重技术的提升等。关注未来，就是要关注环保、关注生态，要可持续发展。

随着产业链的完善、农业产业链的不断向前端和后端延伸，以及产业链发展过程中薄弱环节的充实，出现了新的业态、新的经营主体，甚至出现了产业化的联合体等，并且这个过程在加速。传统种植、养殖业的小额信贷需求在下降，并不是农户没有需求了，而是他们在转型，消费需求在升级，买车、进城买房、农村房屋改造，这些需求都在提升。在农村这样的现象出现得越来越多，乡村振兴加速推进。所以出现了越来越多的电商户，他们通过电商来销售自己农场的产品。

乡村振兴的需求特征表现在哪里？它们是否属于普惠金融需求？这要看产业振兴的需求是什么。乡村振兴的进程中不管发展的是什么产业，都不宜片面强调降低利率，要以双方可持续的方式、合理的市场利率来提供金融服务。

产业发展的金融需求可以通过商业可持续发展的金融服务来满足。生活富裕、治理有效、乡风文明、生态宜居等方面产生的金融需求，在短期内是低利的、微利的，甚至是无利的，但是在长期内可能对整个社会是有利的，是能够可持续发展的。所以在这个基础上，乡村振兴还需要政策性金融服务，以及政府和社会资本合作（PPP）、政府购买服务等模式的金融服务。

我国是一个农业大国，即使是城镇化率有了很大程度的提高，农民群体仍然巨大，农户的小农格局很难改变，小农的需求仍然是普惠金融需求，仍然需要通过一定的方式来满足，应进一步深化普惠金融服务。

对于普惠金融，大家对它的定义很多，有人认为它是政策性金融，也有人认为它是扶贫金融、低利率金融。要清楚，普惠金融不是政策性金融，不是扶贫金融，也不是低利率金融，它是能够使那些没有享受到或者没有充分享受到金融服务的群体，在有需要的时候，也能够有机会以合理的成本，有尊严地、持续性地获得金融服务的一种格局、一种状态，是未来我们要达到的常态。在发展过程中，应更关注那些没有享受到或者没有充分享受到金融服务的弱势群体，关注小微、三农。同时，尽管需求是多方面的，我们更应关注的仍是信贷需求。

怎样创新性地为乡村振兴提供金融服务？政府和有关部门从供给角度考虑得较多，而从需求角度考虑得比较少。2019年1月，中国人民银行、银保监会、证监会、财政部、农业农村部等五部门联合印发了《关于金融服务乡村振兴的指导意见》（以下简称《指导意见》）。《指导意见》与《意见》中的乡村振兴发展规划相适应，也制定了金融服务乡村振兴发展的三个阶段，这是一个金融发展的长远规划，也是推进农村普惠金融的发展规划。

从金融推进乡村振兴来讲，我认为应该基于这几大趋势来思考：一是更多地利用金融科技手段，在促进乡村信息化、智能化的基础之上，打造更多产业生态圈、产业金融生态圈，通过产业金融来实现乡村振兴；二是构建绿色金融服务体系，结合保险、期货，充分发挥政府的作用，引入PPP模式、政府采购模式等；三是从供给和需求两个角度发力，特别是对于需求端要培育新型经营主体，培育合作社、家庭农场；四是促进乡村的信息化、智能化，迎接数字时代的到来，打造智慧乡村，促进企业的信息化、产业的信息化等。

关于金融助力东北乡村振兴的几点思考

杜晓山
中国社会科学院农村发展研究所研究员，中国小额信贷联盟理事长

一、东北三农的特点

第一，东北地区的农业土地规模有大、中、小三种类型，这样的农业生产方

式在我国可能是少有的。例如，北大荒集团，是一个一、二、三产业融合，且生产总量、粮食产量和加工量都特别大的"大农"。而小农在我国是主体，我国目前还有2.3亿农户，其中户均耕地小于10亩的有2.1亿农户。而东北的状况较为不同，各种类型的农业规模均有。

第二，东北地区是我国的主要粮食产区。东北三省的粮食总产量占全国粮食总产量的20%，黑龙江粮食总产量约占全国粮食总产量的10%，商品粮调出占全国的60%。北大荒集团生产的粮食占黑龙江粮食产量的一半，占全国粮食总产量的5%。因此，大农业、现代农业在东北三省体现得极其明显，非常重要。

第三，2015年12月11日，《吉林省农村金融综合改革试验方案》（以下简称《方案》）获国务院批准，东北以一个省作为农业金融综合改革试点，特点十分突出。

第四，东北作为东北亚对外开放前沿，具备一定区位优势。东北地区与东北亚地区的国家接壤或比邻，是国家"一带一路"的大通道，因此东北地区是与俄罗斯、蒙古国、日本、朝鲜、韩国进行农产品、农业生产、贸易、投资合作的最前沿，也是国家大战略的重要载体所在地区。

二、对金融服务农村振兴的看法

农村金融主要需要服务三个方向：一是现代农业；二是农村地区各需求方的多层次、差异化的金融需求，不仅涵盖大中小微企业、经营主体，也涵盖农户、弱势群体等；三是生活消费的需求。

三个金融需要服务的方向明确后，我们必须做的是：第一，进行基础设施建设，如水、路、电、油、互联网、征信系统的建设等；第二，服务不同主体的生产经营者；第三，满足不同主体的生活消费需求。

然而，在这三个方向上，我们做得还不够，主要存在以下问题：一是满足农业现代化需求的金融服务不足；二是对各个层次的金融需求方的差异化需求的供给不足，服务水平、服务方式、服务意愿、产品种类和质量都存在差距；三是农村保险等其他金融服务不足，农村农业保险是一个非常大的短板，直接融资、债券、股票、金融租赁、信托、期货等方面也存在不足。

2019年2月，中国人民银行、银保监会、证监会、财政部、农业农村部联合印发的《关于金融服务乡村振兴的指导意见》（简称《指导意见》）提出，农村金融改革的方向是要完善市场体系、组织体系、产品体系，促进农村金融资源回流，引导涉农金融机构回归本源，支持重点、弱点；农业农村抵质押物的范围、金融机构内部信贷管理机制、新技术应用推广和绿色金融等，要满足农业农村多样化的融资需求，发挥各种金融市场的功能和作用，拓展乡村振兴资金的来源。

《指导意见》对三农保险也提出了要求，即扩面、增品、提标。扩面即增加保险覆盖面；增品即增加多样化的品种，有针对性地解决各种差异化需求；提标即提高保险的标准，现在的政策性农业保险只能保证农民的成本不受损失，提标就是要研发农民收入保险、价格保险、气象指数保险等保险新品种，推进谷物、小麦、玉米等全成本保险，并进行大灾大险、保险期货试点等。

当前，金融行业尤其是信贷部门对农业发展的支持力度不足，小微新型经营主体、农户贷款受到较多的限制，信贷的结构要进一步优化。从央行发布的数据可以看出，2018年涉农贷款的增速低于整体银行的贷款增速。虽然我们都在说要搞普惠金融，可是涉农贷款余额却逐年下降。这是一个很不好的现象。

从普惠金融的视角看，金融服务东北振兴主要是要以持续的手段，建立服务小微、新型经营主体、农户、贫困户所需要的便捷、有效、价格合理的金融渠道。客观来讲，目前土地经营权的收益、分配、流转、交易、抵押、担保、处置、变现、流动仍存在诸多限制，农村的劳动力主要流向城市和发达地区，资本和科技等要素在农村的配置仍然比较缺乏，所以农村金融改革受到了农村规模化经营主体少、农村产权资源权能较弱的制约。如何改革，是一个大的课题。

建设对外开放的合作高地，主要是要加强出口信用保障，支持信用保险保单、出口退税账户、质押融资的使用，统筹境内外资源，满足进出口企业的跨市场金融服务需求，为境内外企业搭建沟通平台，推动东北地区企业农业跨境服务，支持东北亚国际农业生产贸易合作。例如，哈尔滨银行在2015年联合俄罗斯最大的国有商业银行——联邦储蓄银行——发起第一个中俄两国非官方金融合作平台——中俄金融联盟，经过多年发展，两国合作的金融机构已经多达72家，而且2019年中俄财长对话也提及欢迎这个联盟提供融资跨境服务。

三、对合作金融的看法

合作金融要强调"规范"，不是挂个牌子就叫合作金融。规范的合作金融和非营利小贷金融，是保本微利、服务弱势群体和贫困群体的金融服务。例如，戴相龙同志提出，农信社系统为农民服务要制度化，意思就是现在没有奖惩制度，也没有规范性的文件，这些正在逐步落实。他还提出要保留合作制度，并逐步让农民占大股。我非常赞成这个观点。现在的合作金融实际上多是商业金融，要解决这个问题，还是要因社制宜，不要进行一刀切的商业化改革、商业性改革。

我的基本观点是，合作金融要发挥公益性非营利小额信贷组织的作用，而这是农村金融市场、金融组织体系供给侧结构性改革的短板。

有情怀的企业，
负责任的金融

白雪梅
中和农信项目管理有限公司副总裁，中国小额贷款公司协会原专职副会长兼秘书长

农村金融是整个金融服务体系中的一个很明显的短版，中和农信是在这方面

做得比较纯粹的机构，所以我将介绍中和农信是怎么做的。

中和农信是一家扎根农村的小微金融服务机构，定位是"有情怀的企业，负责任的金融"，宗旨是为不能充分享受到传统金融机构服务的县域内中低收入农户，量身定制以小额信贷为主的多元化金融服务产品，帮助农民发展产业，增加收入，早日实现美好生活。我们的使命就是要打通农村金融的最后100米。

中和农信现在做到了什么规模呢？从1996年开始，中和农信累计放款305万笔，累计放款金额495亿元，惠及农户超500万户，截至2019年7月末，贷款余额103亿元，在贷款客户42万户，大于30天的风险贷款率为1.49%；现在全国20个省开展业务，有325家分支机构，覆盖的村庄超过10万个，中农户客户接近90%；借款人里初中及以下文化水平的占84%、妇女占59%、少数民族占21%；98%的客户对中和农信的服务感到满意，51%的借款人没有在中和农信以外的其他金融机构贷过款。

在贷款发放效率方面，借款人在递交材料后7天之内拿到贷款的占比91%，在还有需求的情况下，再贷款客户几乎都会再次选择中和农信。

在担保方式方面，中和农信百分之百提供无抵押贷款，其中纯信用贷约占20%，80%是有保证人提供连带责任保证的贷款，这在国际上也是非常通用的一种小额贷款方式。

在单笔额度方面，低于5万元的贷款占到了91%，户均贷款余额是2.5万元。这是一个非常有说服力的数据。从国际上来讲，评价一个小额贷款机构通常要看两个维度：一是服务的广度，就是服务了多少客户，我们的在贷款客户有40多万户；二是服务的深度，就是服务到了怎样贫困的人口，通常可以用贷款额度来体现服务人口的贫困程度，贷款额度越小，说明借款人贫困程度越深。中和农信的户均贷款额是2.5万元，这么小的贷款额，不仅在中国，在国际上也是一般机构很难想象的。

中和农信的员工，有将近70%是客户经理，在300多个县都设有机构，主要靠这些客户经理在线下开展业务，有超过40%的员工是女性。中和农信提供的借款有42%用于农村的种植养殖，还有一些用于生产经营、消费，或者满足家庭的不时之需。这是中和农信一直秉承的，即做看得见、摸得着、可持续的贷款服务。

从公司整体来说，中和农信充分运用了移动互联网技术，采用了"四线三级"的矩阵式管理体系，三级包括总部、区域和分支，四线就是服务前端、风控线、后台支持线及内审线。

随着科技的发展，中和农信也使用了自己的移动工作平台，有线上的服务系统，在手机上可以完成从客户资料的采集、上传，到贷款发放、后续对客户贷款情况的监控的全过程。

中和农信从1996年就开始开展小额贷款业务，前身是中国扶贫基金会的小额信贷项目，是公益性的、扶贫类的小额贷款机构，借助世界银行的援助资金，在山区开展小额信贷扶贫项目。中和农信借鉴了孟加拉国的格莱珉银行的做法，这些年也进行了一些本土化的改良。

2018年，中和农信像很多金融机构一样，开发了在手机上可以申请贷款的APP"中和金服"。经过一年多的时间，中和金服累计注册用户100多万人，累计授信额度28.6亿元，其中支用额度为24.3亿元，平均支用额度为1.3万元，这个数据要小于整体的平均单户授信余额，其风险贷款率也略低于总体的风险贷款率。中和金服在APP上采取的是一次授信、可以多次使用的循环额度，大大方便了现在的客户群体。

除了做小额信贷以外，中和农信同时协助保险公司做一些保险产品的推荐。截止到2019年7月末，我们销售保单的数量大概为62万份，其中出险之后进行理赔的有1 400多个农户，挽回经济损失800多万元，这些保险客户中有原来的信贷客户，也有非信贷客户。

因为中和农信出身于公益性、扶贫性的小额贷款机构，除了经济效益以外，还特别注重社会效益。所以，除了提供金融服务以外，我们还做了很多客户的保护和赋能工作：开展了上万场金融教育活动；开展"家乡计划"；与高校合作，让高校大学生到农村向村民们普及金融知识；开展农技培训、普惠金融研究支持活动；为农村妇女开展了一个慢病管理健康倡导项目"她计划"。

中和农信成立了中和基金，通过员工捐款的形式，在客户遇到一些临时性家庭困难的时候为其提供紧急性捐助，现在已经筹集了300多万元，捐出了200多万元，1 600多人从中受益。

我们的愿景是中和农信能够抓住互联网技术发展的契机，打造农村小微金融领域最专业、最负责任的标杆企业。希望到2020年的时候，中和农信能够有百万量级的客户。我们的使命，就是打通农村金融的最后100米。

第七篇

金融科技与东北经济振兴

金融科技助力东北发展

贾魏
辽宁省沈抚新区管委会副主任

辽宁省沈抚新区不是一个新区，是一个新设立的老区。2007年，时任辽宁省委书记的李克强同志就提出沈抚同城化发展的设想，后来该设想逐渐上升为沈阳经济区的发展战略。十几年来，由于体制和机制上的安排，两市在融合上还是出现了一些问题和障碍。因此，在新一轮东北振兴过程中，辽宁省委省政府就决定将两个区融合发展，于是把两市并作一个整体，这就是沈抚新区。

沈抚新区面积不大，但是在沈阳和抚顺两市之间，是一个连接两个百万级人口城市的新区。在国务院批复的沈抚新区改革创新示范方案中，对沈抚新区所要承担的任务做了很清晰、明确的定位。第一个定位是要做"东北地区开放合作的先导区"；第二个定位是要做"营商环境的标杆区"；第三个定位是要做"创新驱动的引领区"；第四个定位是要做"辽宁经济发展的新引擎"。所以，我们就提出了"三年大变样，五年上台阶，十年增长极"的发展目标。

在沈抚新区成立初始，我们就进行了模式和路径上的选择，确定的基本思路是产业高新化，走品质化建设、高质量发展的路径，走"产城一体化"的路径。沈阳、抚顺两个百万级城市已经高度融合、高度契合，周边已经深度关联，在这个关联区打造一个新的示范区，对两个市的经济结构调整和产业调整都非常重要。

新区在发展过程中和产业规划过程中，也曾陷入迷茫的困境，迷茫于规划什么样的产业。东北传统产业结构发展了近一百年，资源、人才、人口的集聚已经极致化，被充分释放，走上了新的转型过程。在这个过程中，如何定义新的产业结构，是我们要思考的重要问题。

金融资源的配置对现代产业发展的作用越来越重要。金融如何参与进来？我们切实地选择了金融科技，或者叫科技金融。

从全国的整体布局来看，东北区域的战略地位是一点点向上提升的——从经济技术开发区、高新区、自主创新区到区域发展。笔者认为现在国家在整体战略上是板块战略：第一个板块是粤港澳大湾区，第二个板块是长江经济带，第三个板块是京津冀，第四个板块是东北。

东北板块很特殊，处于山海关之外，是一个独立的、体系比较完整的板块，所以我认为应该放在大局中去考虑东北。不久前中央新一轮振兴东北的文件中明确指出，东北是关乎国家发展大局的区域。

从经济角度看，传统产业升级和如何利用新兴产业崛起现在是一个并行的局面。传统产业一方面面临被淘汰，一方面面临着升级，实际上面临两个课题。新兴产业的发展面临的是是否选择这样一个地域来立足。从整个社会环境来讲，东北地区是一个非常特殊的区域，各地人口在生活习性、语言标准和沟通习俗上高度相似，文化底蕴也高度相似，东北人之间的交流没有障碍。这和我们未来发展金融科技、应用金融科技，关系相当密切。

在沈抚新区的金融发展规划中，我们提出沈抚新区是金融科技的荒漠，科学技术驱动的金融创新在东北地区发展缓慢。发展金融科技，我们有什么优势？实际上我们目前面临的劣势就是发展的优势，因为是"荒漠"，怎么做都可以，有足够的想象空间，可以任意驰骋。新动能转化对沈抚新区来讲成本非常低，不需要研究转化问题，甚至可以放弃传统产业。原本的弱势，现在被我认为是一个优势，而且是一个核心优势。

在规划过程中，我们采用SWOT分析法确定了几个发展战略：

一是机会开拓战略。因为是"荒漠"，所以沈抚新区有机会引进外部资源构建新的结构，支撑要实现的目标，弥补内部的劣势；同时，利用新技术扩大内部的优势。因此，在金融服务上我们建议要选择新金融，如普惠金融、科技金融等。从机构表现形式上，原来努力发展的供应链金融、融资担保、小额贷等都是比较普通的形态，因此我们选择和白沙岛、瀚华合作，选择和民营金融机构合作，这有别于一般地方政府的选择。

二是威胁转化战略，打造白沙岛金融小镇。我们的想法是在一个物理空间中为新金融、科技金融、金融科技提供平台。以当前的网络发达程度，尤其是5G技术应用普及以后，金融科技在哪做都可以，但是它需要一个应用场景，这个场景可能是物理的，也可能是虚拟的。物理场景的提供者就是我们白沙岛生态金融小镇的概念，要用新的金融生态支撑物理场景。因此，在战略初期可以回避和减少外部的威胁，用全新的概念支撑科技金融的发展。

当然，金融科技在监管应用和地方政府的决策上确实有很多问题值得探讨。如果有对金融科技发展的想法、规划、理念、实践或者需要，欢迎到沈抚新区来，欢迎一起建设白沙岛金融小镇，到这里开拓事业，共同为金融科技的发展做出努力。

振兴东北关键在于树立自信

唐岫立
恒久远金融咨询PFS董事、总经理

经济决定金融，金融是为经济服务的，在研究探讨金融科技如何支持东北振兴之前，首先要了解东北经济的特点与结构。

东北是国家的重工业基地。我在东北工作了11年，主要研究的就是东北的实体企业，彼时国有企业比较多，我负责监测分析东北500家国有大中型企业，这500家企业使用的银行贷款是整个东北三省信贷投放的90%。在具体工作中，我们既要分析研究东北三省企业的管理情况、资金流转效率，也要用东北三省银行业的金融数据分析金融运行的整体质量，预判银行贷款的质量。银行业运行情况与贷款质量好不好，取决于使用它的企业。

东北经济结构"两重"特点比较明显，一是重工业比重高，二是国有成分比重高。20世纪90年代以后，国家的经济重心向东南沿海转移，具体的结构调整是降低国有成分的比重，大力支持民营经济的发展；降低重工业的比重，着力发展轻工业。很多制造业、流水线、机械设备都开始大量进口，所以我认为东北后继乏力是国家战略转移的体现。

东北有非常多的优秀资源，我也是到了北京、浙江、上海工作之后，与东北家乡做比较，才看到其实东北有很多优势。

一是东北的城市化起步较早，城市化程度较高。20世纪80年代以前，东北有多个城市无论是知名度还是经济发达程度在全国都名列前茅。即使是现在，东北的地级、县级城市建设大多要好于江浙闽。

二是东北的人才丰富。东北居民的整体受教育程度、职业化教育程度，都明显优于全国，甚至要优于东南沿海。这与东北的经济发展历史有关。

三是东北的自然资源丰富，森林、煤炭、石油等能源储藏为新中国的建设贡献巨大。东北地广人稀，沃野千里，大江大河，青山绿水。而江浙闽一带山多、地少、人多，七山二水一分田。

四是东北的自然环境具有后起优势。东北三省是农业大省，工业发展这些年有些落后，但这也使得东北的自然环境破坏程度远远小于东南沿海，现在民众对于食品安全和绿色环境的重视，使东北反而有了后起优势。

东北现在存在的问题是为什么"投资不过山海关"。

第一是观念比较僵化。东北资源丰富，城市化起步比较早，日子过得都挺好，所以没有变革的动力。所谓穷则思变，比如说温州人，之所以勤劳，之所以要走出去，是因为留在那个地方吃不饱饭。历史上的徽商、温商等都是因为土地太少，因生活所迫走出去，靠经商为生，所以商气重的地方都是因为土地少。东北沃野千里，不用精耕细作，随便抓一把玉米撒在地上都能长出庄稼来，不用出去经商。这就客观上使东北人缺乏动力，使东北市场经济不发达。

第二是经济增长慢。我认为这是经济结构调整——降低第二产业的比重，大力发展第三产业——的结果。东北三省是农业大省，农产品价格上涨较慢，凡是农业比重高的省份都不富裕，这不是东北的特殊问题。东北的经济结构决定了其第三产业发展是不足的。东北是一个老工业基地，现在进入了成熟期，或者说进入了中老年期，那肯定发展要慢，所有的事物都是新兴的时候发展快，因为原来基础弱、盘子小，所以发展快。东北进入成熟期之后，不可能发展得太快，所以对于东北经济发展慢，要做一些更具体的分析，找到慢的原因，不要简单地比较地区生产总值的增长速度。

第三是人才和人口外流的问题比较严重。有人认为东北人往外走的主要原因是东北的气候寒冷，还有就是收入低。其实我认为东北现在很多人走出去是因为同样的工作在深圳可以赚更多的钱。东北收入低，物价也低，整体的消费水平、生活成本都是低的，所以对于导致东北人才、人口外流的收入低的问题，还要有更具体的细分研究。

我认为，振兴东北的思路应该有两条。一条是发挥装备制造业基础厚的优势，服务于国家的大战略，服务于中国制造的大战略。近两年开始，中国制造已经非常明显地被提上了日程，为东北重新起步腾飞、重新振兴带来了契机。另一条是做好新兴产业的设计，具体到论坛主题就是金融科技怎么助力东北振兴。

对于金融科技如何助力东北经济振兴，我有以下几条建议：一是要尊重市场规律；二是要培养契约精神；三是要树立东北的自信，要多看自己的优势，不要盲目贬低自己；四是要注意外部经验与东北的实际相结合，寻找真正了解东北的"外脑"进来，给东北提一些好的建议；五是要尊重专业性和专家。

积极拥抱金融科技
助力实体经济发展

沈荣生
盛银消费金融有限公司监事长

对于金融科技如何助力实体经济发展，结合盛银消费金融有限公司的实际经验，我有以下三方面的分享。

第一，坚持"三个一流"，培育"三高"的核心竞争力。盛银消费金融有限公司（以下简称公司）作为一家新兴的金融机构，前两年一直在摸索和探索业务模式。2018年，公司开始研究战略定位，制定了三年发展规划，提出要以一流的资产回报、一流的客户体验、一流的企业文化为经营管理目标。在银行金融机构这个大家庭里，消费金融公司是一个新兴的行业，也是一种新兴的小机构，其定位在小而精、小而美。为了实现这个定位，我们追求的是高素质人才、高科技引领、高水平风控，以此作为实现战略目标的基本保证。业务模式就是以合作平台引流，通过线上、线下、渠道三条业务主线，逐步建成一家具有专业影响力的精品消费金融公司。

第二，坚持金融科技赋能，满足消费金融需求。在业务开展的过程中，重要的实际是牌照优势，但更重要的是如何通过牌照优势，把渠道、资金、科技、传统银行风控和互联网风控的优势整合起来，形成盛银消费金融公司独特的优势。公司通过利用移动互联网、微服务、云计算、大数据、人工智能等先进技术，来实现业务模式，同时在场景的打造上强化与线上电商平台的合作、与头部互联网金融机构的合作，接入购物、医疗等场景，通过"金融+科技+消费"场景打造整体的消费金融服务体系。

第三，坚持提升服务质效，有效触达常规客户。公司服务的个人客户群体要比传统银行门槛低一些，以刚持有信用卡或者没有信用卡的25岁到30岁之间的年轻人为主。我们的业务重点是满足他们灵活、快捷、方便的消费金融需求。按照传统的金融服务方式，传统的银行机构可能无法满足这部分客户的金融需求。盛银消费金融公司的使命和愿景是为这些特定的客群提供方便、快捷的金融服务。公司现在完全采用线上互联网化的进件、审批、贷后管理、风险控制，力争用好的服务产品、高的服务效率来满足常规客户的金融需求。

随着我国经济发展进入转变动能的新阶段，国务院再次提出了刺激鼓励消费的新政策，金融机构和消费金融公司都责无旁贷，应积极承担历史的责任，通过金融科技助力服务消费升级、助力实体经济发展。盛银消费金融公司下一步会按照国家的政策引领，为客户提供更为满意的服务。

金融科技之美

杨扬
深圳区块大陆科技有限公司创始人、CEO

金融科技和科技金融是两个不同的概念，它们的区别是什么？金融科技是从金融的行业里自发产生的科技势能。科技金融是反过来由科技公司尝试去做的金融业务。例如，在美国有一家新兴银行Capitalone，基本上是纯虚拟的，没有线下实体，信用卡可以在网上申请，这是拿了银行牌照发展出来一种科技业务；另一个例子是Facebook，Facebook是一个纯科技公司，可是现在也开始尝试做金融业务，近期要做Facebooklibra，以取代传统的支付货币，所以Focebooklibra是非常典型的科技金融。

在我看来，金融科技是社会化大分工的一个步骤。最早的社会化大分工源自第一部福特汽车，原来一台车需要很多个工人一起干，流水线作业发明之后，汽车生产被分解成流水线式的生产过程。其实金融产业也一直在走这样一个过程。最早的银行是金融体系社会化大分工的体现，银行专职管理流动性和信用风险，是独立出来为大家做风险管理的。而债券是更加细化的，作为信用产品独立出来，让人只投信用的部分。最早的时候，在欧洲的美元不受纽约总部的监管，有很多金融衍生品，包括外汇衍生品、利率衍生品、信用衍生品，进一步细化了金融的风险，产生一个个产品，这些产品被交给其应该有的投资人，让他们去做。

在我看来，产品和业务的标准化基本上已经完成了，这个社会化大分工的下一步应该是什么呢？

现在大家一直在做的一个事就是大数据赋能。例如，蚂蚁金服的员工大多数是程序员，通过建模的方式将蚂蚁金服和包商银行做比对，包商银行做小额贷款做得最好，但是蚂蚁金服只有几百个人就能做跟包商银行一样多、一样大的业务。中国香港地区已经发布了虚拟银行牌照，微众银行、阿里系银行等都已经拿到了虚拟银行牌照。可以说虚拟银行的概念已经发展到了非常重要的阶段。金融科技是否已经找到了最终的发展方向呢？在我看来并没有。

这里最大的问题是金融科技同样存在风险和隐患，并不是说科技的发展就一定是完美的。最大的问题是监管者其实还不能完全认识金融科技，不能完全认识金融科技所带来的风险。与P2P相关的一些事情，就是新金融科技所蕴含风险的表现。因为监管条例是用书面文字书写的，而目前金融科技的很多商业逻辑是用计算机代码去驱动的，所以书写的监管逻辑和计算机代码之间的逻辑有一条鸿沟。

新加坡的央行已经在尝试把监管的法律条文变成计算机代码。把证券和期货的法律条文翻译成计算机代码，交给金融科技公司执行，可以保证百分之百的合规，且高效，不需要律师在中间做无效率的转化。这个方式也得到卢森堡政府的支持，卢森堡证监会提出下一代卢森堡架构CSF4.0，明确要将监管条例代码化的进程纳入下一代监管中。同时，新加坡政府提出了全新的概念API银行，要使银行实体分散化，把银行的一个个部门，像在市场买菜一样，通过公开的市场一块一块买过来。比如，银行有企业部门、放贷部门、风控部门，只要注册一个虚拟银行，拿到牌照，就可以在市场上通过不同的供应商把模块买回来，买的不仅是IT的解决方案，而是整个解决方案。比如，一家虚拟银行可能采用A公司的风控模块，但在业务上采用C公司、D公司和E公司的模块，把它们组合起来。这个银行不是传统中心化银行，而是一个非常虚拟的概念，这是新加坡央行正在主推的事情。

还有人提出一种概念，叫智能合约，即在计算机代码的层面上，重新定义商业的架构和行为。这其实与监管合规的计算机代码化是相一致的，未来这种企业，或者是商业逻辑和契约精神，是用计算机代码来完成的，可以达到自动化，中间不需要人为翻译的过程。Facebook的扎克伯格就是这个主义的倡导者，他目前联合了世界28家比较大的科技公司，一起做金融支付系统并推进加入智能合约概念的变革。这些未来能否落地，我们拭目以待。无论Facebook会不会成功，但对中国的企业来说这是一个机会。

无论是金融科技还是科技金融，它们在地域上的限制在逐渐消除。例如，新加坡的Open Banking概念，即一个虚拟的、分布的工作方式，会是未来的主流，人员工作不一定要在一栋大楼里面，大家可以分散在各个地方。

东北最大的一个问题是人才都在外面。从科技给东北带来的机会看，东北的概念其实可以扩展一点。比如新加坡是一个很小的国家，其地域上注册了几百万家公司，为当地的经济生活带来很大便利，但是这些公司几乎没有雇员在新加坡。这给东北带来一个启示，如果东北的政策对区块链、金融科技持非常友好的态度，使全球的东北人或者东北的人才，都愿意回来建一家公司，尤其是开放式银行和金融科技公司，但是工作的地点不一定在这，就会把这些人才吸引回来，但并不强求他们一定要回到东北工作，只要他们的企业、他们创造的税收能够留在东北就可以了，东北应该抓住这个机会。

银行4.0数字化转型

唐科伟
浙江孚临科技有限公司CEO

当前的银行业其实已经变成了一个科技驱动、数据驱动、人工智能驱动的行业。过去几年中，AI、云计算、大数据等从以前的一些概念到逐步落地，这个过程具有明显的区域性。东南沿海小微企业多，东北大的核心企业、国企多。在不同的区域背景下，怎样利用新技术去发展对应的数字金融业务，针对不同的区域会有不同的设计。在不同的收入条件下，应根据各个区域的居民收入背景去设计对应的消费金融服务，刺激本地消费。因此，金融科技本身具有场景化、区域化特征，不能够一概而论。

东北的小微企业大部分都围绕着核心企业，如果按照传统方法，它们一般完全依赖供应链中核心企业的供应链数据。对于供应链数据的依赖性，往往会导致很多小微企业授信不充分、风险评估不完整。小微企业是实体经济的毛细血管，怎样使互联网的大数据进一步下沉到更小型、更微型的企业，进一步刺激毛细血管；怎样利用人工智能大数据，进一步服务这些小微企业，这是跟传统的供应链金融思维不一样的地方。

数字金融是受金融科技驱动的目标之一。从前流行的一个术语叫数据中台。从理论上讲，大数据中台驱动意味着，从第一步的业务设计、产品设计开始，就应该让大数据专家参与。比如，给某个核心企业对应的一系列小微企业进行融资产品设计，从一开始产品经理和大数据专家就要一起了解情况。例如，正大集团在中国一共有五个区，相应地有五个副董事长、主管，每个区都有几万个小微企业。正大集团整个IT系统都在云上，而且直连泰国的IT中心。正大集团有一定的数据基础，但不是很充分，它只是反映了正大集团本身的供应链数据。在这个基础上，我们公司要服务正大集团对应的生态链，需要有对应的数据补充，这个数据可以来自政府，可以来自对应的税务、市场监管机构或是一些IT企业。核心企业应在前期进行产品设计的时候，邀请大数据专家介入，把这些数据收集起来，对应不同的客户分级和不同的风险来源进行分类。风控体系设计的前提是数据体系的设计，在数据体系的基础上，对应有模型体系、策略体系，有这一系列配套的设计思想，才能够实现全流程的数字化。

在此基础上，对应的是银行组织架构的改变，总体来讲是"大中台、小前台"的趋势。小前台即根据不同的战术团队、不同的场景，灵活组织小的分队，根据不同的客户需求，对应设计产品，对应驱动业务。大中台起到赋能前台的作用，大中台的所有数据——不管是银行本身的账户数据，还是对应的业务场景数据，或是直连的头部平台的数据——都应该打通。

对于开放银行，一个具体的表现形式就是API银行，开放银行的最终承载形式是联合运营。联合运营的具体内涵是怎样联合本地。如果东北的银行想把风险分散，跟东北本地经济进行一定程度的结合，就需要考虑怎样与全国的一些客群、业务场景进行互相渗透，怎样与头部平台进行联合运营；就需要考虑头部平台、银行、科技公司的定位，以及三者之间的联动形式，最终实现不仅把业务指标做好，把客户服务好，同时风险也能够在联合风控的基础上得到控制，并符合监管的要求。这是从开放银行的角度，利用组织，利用各个生态的不同实体，去联营联动，共同实现彼此的KPI目标。

另一个概念叫作风险资产生成管理。金融智能营销与电商智能营销不同，电商智能营销是商品展示，让客户消费；金融智能营销是在展示商品后，让客户得到收益。整个营销是一个基于风险的智能营销，前端的营销客群的不同，决定了后面的客群风险、产品设计及对应的风控体系建设的不同。所以前端的营销与后端的风控必须要保持一致，这样才能从营销的最开始就找到正确的、合适的客群，这对后面的风控也会有所帮助。

在风控体系建设方面，因为东北的国企占比较高，在这样的环境下，怎样与东北的大数据结合，是银行业务数字化的关键。

东北的大数据来自哪里，是来自核心企业，来自政府，还是来自科技公司？这不仅仅是银行要解决的问题，也是东北的监管环境，甚至东北的政府应一起来大力解决的问题。东北的政府能不能把自己掌握的一些核心政府数据，开放给对应的金融机构，让金融机构能够利用这些核心大数据，如税务、社保、工商的数据，进行有效的风险管理，是问题的关键。东南沿海地区政府其实已经在逐步地开放、融合了，如浙江有专门的大数据管理局。开放数据到底存在什么样的困难，政府有什么顾虑，金融机构以及对应的科技公司应怎样去解决政府的顾虑，需要大家一起协同解决。所以，对于政府和银行而言，要齐心协力，营造一个好的数字金融生态环境。这样未来本地的科技驱动银行和科技银行会发现，东北的本地服务跟全国性的客户服务一样具有吸引力，甚至说风险能够实现完全可控。

实现数字金融转型，最重要的是人才保障，人才的保障需要观念的革新。当前，数字金融人才非常少，他们既要懂金融，还要懂互联网、大数据。东北的院校可以根据需求建设对应的数字金融专业。东北还有东软集团这样的龙头企业，有非常好的培训基础。银行、科技公司、大学三方联合，培养数字金融人才，再让这些人才服务本地的科技公司、银行，这样东北能够真正把金融科技从人才的角度落地。